Der schlaue Turm von RIESA

Pedro Waloschek (Hrsg.)

Der schlaue Turm von RIESA
Wissenswertes über den VOLKSHAUS-Bau

Pedro Waloschek (Hrsg.)

Der schlaue Turm von RIESA

Wissenswertes
über den
VOLKSHAUS-Bau

1928-1932

Zusammengestellt
von Pedro Waloschek
und Heike Berthold

Impressum

Bibliografische Information Der Deutschen Bibliothek

*Die Deutsche Bibliothek verzeichnet diese Publikation in der
Deutschen Nationalbibliographie; detaillierte bibliographische
Daten sind im Internet über <http://dnb.ddb.de> abrufbar.*

Originalausgabe
Fertiggestellt im Juni 2007

Paperback, 17 x 22 cm, 61 Seiten, 50 Abbildungen
Satz, Layout, Umschlaggestaltung und Vorbereitung für den digitalen Druck:
Atelier OpaL Productions – Hamburg

Herstellung und Verlag: Books on Demand GmbH, Norderstedt

Im Buchhandel und Interntet-Shops zu bestellen (Ladenpreis: 6,- Euro).

ISBN 978-3-8370-0247-8

Inhalt:

Hans Waloschek

(1899-1985)

Der Architekt des

VOLKSHAUSES RIESA

(Foto: Wien, Dez. 1933)

Vorwort
des Herausgebers

Ein aufwendig gebundenes Fotoalbum über das Volkshaus Riesa und seine Entstehung und eine interessante Broschüre zum gleichen Thema wurden von meinem Vater, dem Architekten Hans Waloschek, stolz präsentiert, wenn er sich bei potentiellen Bauherren oder Auftraggebern in Argentinien vorstellte. Er hatte zwar auch noch weitere Bilder und Pläne seiner eindrucksvollen Bauten in Deutschland, aber das Volkshaus Riesa stellte die Krönung seiner Tätigkeit dar. Es war der überzeugende Beweis seiner modernen künstlerischen Einstellung und seiner Verbundenheit mit dem sachlichen und rationellen Stil, der heute meist mit dem Namen BAUHAUS verbunden wird.

Das erwähnte Album hat 1933 die Flucht aus Deutschland und 1936 die Ozeanüberquerung nach Argentinien überstanden.

Im Jahr 1959 ist Hans Waloschek mit seiner Frau wieder nach Deutschland übergesiedelt. Jahre später wurde sein Haushalt in Argentinien aufgelöst. In letzter Minute gelang es meiner Schwester Jutta, die wertvollen Fotos aus dem Album und einige Zeichnungen zu retten.

Im April 2001 haben wir diese Bilder zusammen mit einem Faksimile der umfangreichen „Festschrift zur Eröffnung des Volkshauses Riesa" (aus dem Jahr 1930) und einem Lebenslauf des Architekten als Informationsbroschüre mit dem Titel

„Das VOLKSHAUS RIESA und sein Architekt"

veröffentlicht [WP01]. Dieser Bericht ist im Buchhandel erhältlich. Mehrere hundert Exemplare fanden schon interessierte Leser.

In den darauf folgenen Jahren habe ich weiterhin Daten über die Tätigkeit meines Vaters und über das Volkshaus Riesa gesammelt. Fündig wurde ich zum Teil in seinem persönlichen Nachlass, den meine Schwester Jutta in Wien entdeckt hat, aber vor allem durch Daten, die mir Freunde und Bekannte zukommen ließen.

All dies wurde im Familienarchiv in Hamburg gesammelt und geordnet [WaHH]. So konnte ich jetzt eine ausführlichere Biografie meines Vaters in Angriff nehmen und seine Spuren als Architekt in Deutschland und Südamerika genauer verfolgen. Dabei kamen auch recht interessante Daten über das Volkshaus Riesa zum Vorschein, die durch den vorliegenden Bericht auch anderen zugänglich gemacht werden sollen. Dies geschieht natürlich im Rahmen weiterer Untersuchungen zum Thema, und deshalb wird auch in Zukunft jede Information über das Volkshaus dankbar entgegengenommen!

Für die Hilfe vieler Freunde und Bekannten möchte ich mich herzlichst bedanken.

Meine besondere Anerkennung gilt dabei Frau Heike Berthold, die mir schon im November 2000 das Volkshaus und weitere mir noch unbekannte Bauten meines Vaters in Riesa gezeigt hat und sich nun aktiv an der Gestaltung dieses Berichtes beteiligt hat.

Auch in ihrem Namen möchte ich mich beim Stadtarchiv Riesa (wo sich die Bauunterlagen des Volkshauses befinden) und beim Riesa-Museum für die freundliche Hilfe bei der Suche nach Daten bedanken.

Dipl.-Ing. Wolfgang Grimm hat mit seinen interessanten Details über den „schlauen Turm von Riesa" den Anstoß zur Verfassung dieses Berichtes gegeben.

Dr. med. Dieter Frank hat uns freundlicherweise erlaubt, seine Erinnerungen an die Zeit nach 1933 hier wiederzugeben.

Dipl.-Ing. Karl-Heinz Löwel (Dresden) hat mich zu vielen Bauten meines Vaters persönlich geführt und mir freundlicherweise einen Einblick in sein umfangreiches Archiv gestattet. Er hat auch ein gut erhaltenes Exemplar der „Festschrift zur Eröffnung des Volkshauses Riesa" zur Reproduktion als Faksimile (s. in [WP01]) zur Verfügung gestellt.

Herrn Michael Hertel, Amtsleiter der Bauverwaltung Schönheide, verdanke ich die Information über das von Hans Waloschek entworfene Volkshaus in Schönheide.

Meine Dresdner Freunde Klaus Brendler und der leider viel zu früh verstorbene Historiker Horst R. Rein haben mir unter anderem bei der Suche in Dresdner Archiven wertvolle Hilfe geleistet.

Last, not least möchte ich erwähnen, dass die Ermutigung von Frau Gerti Töpfer, Oberbürgermeisterin der Stadt Riesa, entscheidend dazu beigetragen hat, diesen Bericht fertigzustellen und zu veröffentlichen.

Pedro Waloschek, im Juni 2007

1 Der schlaue Turm

„Als achtjähriger Junge war ich 1929 bei der Grundsteinlegung des Volkshauses Riesa unter den Zuschauern und bin auch auf einem der erhaltenen Fotos zu sehen."

Dies erklärte mir einer der Anwesenden, nachdem ich mein Büchlein „Das VOLKSHAUS RIESA und sein Architekt" im „Städtischen Zentrum für Geschichte und Kunst" der Stadt Riesa (auch „Museum" genannt) in einem längeren Vortrag vorgestellt hatte. Das war am späten Nachmittag des 25. Septembers 2001.

Ich holte Originalbilder aus meiner Aktentasche, und der Herr zeigte mir genau, wer er auf dem von ihm erwähnten Foto war. Ich konnte ihm auch zeigen, dass auf dem gleichen Bild mein Vater Hans Waloschek, der Architekt des Volkshauses, zu sehen war. Er stand gleich hinter dem Redner und erklärte mit ihm offenbar einen Bauplan.

Mein Zuhörer stellte sich vor: *„Mein Name ist Grimm, Wolfgang Grimm, ich bin Diplom-Ingenieur, und mein Vater Willi Grimm war damals Baumeister bei der Firma Louis Schneider KG in Riesa, dem bauausführenden Betrieb des Volkshauses. Später wurde er auch Geschäftsführer bei dieser Firma, von 1939 bis 1959."*

Auf mehreren meiner Fotos konnte Herr Grimm noch damalige Gebäude in der Umgebung erkennen. Er hat mir ihre Bezeichnungen sorgfältig in Kopien der Bilder eingetragen. Auf einem weiteren Foto der Grundsteinlegung konnte er den Baumeister Albert Eisenreich identifizieren, der damals Chef der Firma Louis Schneider KG war.

Der Sitz der Firma lag nicht weit vom Volkshaus entfernt, nämlich in der damaligen Lindenstraße 23, der Verlängerung der heutigen Robert-Koch-Straße. Die Firma Louis Schneider hat (dann schon als GmbH) 1991 ihr hundertjähriges Jubiläum gefeiert. Herr Grimm überreichte mir eine von Frau Heike Berthold darüber verfasste Broschüre [Be91]. Die Firma existierte noch bis 1997.

Tatsächlich wurde am 27. Juli 1929 in Riesa vor dem großen städtischen Sportgelände „Schwarzer Platz" an der damaligen Bismarckstraße (heute Rudolf-Breitscheid-Straße) der Grundstein für das neue

Wolfgang Grimm
als achtjähriger Junge
und aufmerksamer Zuhörer.

Grundsteinlegung
für das VOLKSHAUS Riesa
am 27. Juli 1929

Architekt Hans Waloschek
und wahrscheinlich Alfred Kiß (rechts)
bei ihrer Ansprache.

Links (im Kreis) Hans Waloschek, der Architekt und Bauleiter des Volkshauses Riesa, und rechts Albert Eisenreich, Chef der bauausführenden Firma Louis Schneider KG, bei der feierlichen Grundsteinlegung am 27. Juli 1929.

Volkshaus in den fertig ausgeschachteten und gemauerten Keller gelegt. Über 800 Personen waren bei der Feier anwesend als Alfred Kiß, Vorsitzender der für den Bau zuständigen „Volkshaus Riesa GmbH", und Hans Waloschek als leitender Architekt das neue Gebäude erläuterten. Dann gab es Glückwunschansprachen von Vertretern der Behörden und anderen beteiligten Organisationen, und schließlich wurde eine Urne mit einer Gründungsurkunde, Bauzeichnungen, Modellfotografien und einigen damals gültigen Münzen – nach den üblichen Hammerschlägen – in den Grundstein eingemauert.

Von einem weiteren Foto gibt es nur eine recht unscharfe gedruckte Fassung, die aber Herr Grimm sofort erkannt hat. Es handelt sich um das Richtfest des Volkshauses, das noch von Gerüsten umgeben war:

„Am meisten beeindruckt hat mich als Junge dann das große Festessen beim Richtfest, an das sich noch viele erinnern. Es gab die längsten und dicksten Bratwürste, die ich je gegessen hatte! Es müssen Sonderanfertigungen gewesen sein!"

Aber Herr Grimm wollte mir noch mehr erzählen, besonders über den „schlauen Turm", dem dieser Bericht seinen Namen verdankt:

„Sehr interessant und für uns neuartig war die zum Bau benutzte Technik: Es war ein kombinierter Stahlbetonskelettbau mit Ziegelmauerwerk. Fundamente, Stützen, Balken und Decken waren aus Beton, das Kellermauerwerk zwischen den Hauptstützen aus gebrannten Ziegeln. Auch für die tragenden Wände sämtlicher Geschosse wurden gebrannte Ziegel verwendet.

Aber die vielen nichttragenden Zwischenwände wurden aus leichten, porösen Lochsteinen gemauert. Man könnte sehr wahrscheinlich noch heute die meisten dieser Wände herausreißen und andere einsetzen, ohne die außerordentliche Stabilität des ganzen Gebäudes zu beeinträchtigen.

Der Bau der monolitisch herzustellenden Stahlbetonteile war damals eine Sehenswürdigkeit, an die ich mich noch genau erinnern kann. Um den noch flüssigen Beton in die Holzschalung einbringen zu können, wurde ein hoher Turm aus Holz gebaut – mit einem Querschnitt von etwa 2 x 2 Metern. Ein Foto davon wird in der 1930 erstellten Einweihungsbroschüre des Volkshauses gezeigt. Der Turm wurde mit Seilen stabil in der Vertikalen gehalten.

*In einem Betonaufzugskasten wurde das Betongemisch in Kipp-
eimern nach oben gezogen. An vorbestimmten Stellen sorgten einge-
setzte Bolzen dafür, dass die Eimer ihren Inhalt in eine besonders an-
gefertigte Stahlrinne kippten.*

*Die Rinne (etwa 20 x 30 Zentimeter im Querschnitt) bestand aus
zwei durch ein Gelenk verbundenen Teilen. So konnte das Betongemisch über das gesamte Baufeld verteilt und in die Schalungen ge-
gossen werden. Die Rinnensegmente mit charakteristischem Profil la-
gerten noch bis etwa 1970 auf dem Gelände der Firma Schneider und
wurde dann eines Tages verschrottet.*

*Der damals verwendete ‚Gussbeton‘ hatte einen hohen Wasser-Ze-
ment-Faktor, der eventuell die spätere Endfestigkeit beeinflussen könnte. Aber dies hat anscheinend keine schädlichen Folgen gehabt. In der
heutigen Zeit benutzt man deshalb sogenannte ‚Plastifaktoren‘.“*

So weit die technischen Erläuterungen von Herrn Grimm.

Die damals sehr moderne und neuartige Bautechnik hat es erlaubt,
das Volkshaus in nur neun Monaten fertigzustellen.

Am 1. März 1930 fand die Einweihungsfeier statt. Es wurde dabei
die schon von Herrn Grimm erwähnte und sehr interessante Festschrift
veröffentlicht und verteilt.

Darin haben Alfred Kiß und der Oberbürgermeister von Riesa, Dr.
Alfred Scheider, die zum Bau des Volkshauses gesetzten Ziele und
Voraussetzungen erläutert. Der Architekt Hans Waloschek hat eine aus-
führliche Baubeschreibung verfasst mit vielen interessanten Bildern.
Wie schon erwähnt, ist ein vollständiges Faksimile dieser Broschüre in
dem 2001 erschienenen Büchlein „Das VOLKSHAUS RIESA und sein
Architekt“ wiedergegeben.

Im Folgenden wird versucht, neuere Erkenntnisse über dieses interessante Vorhaben darzustellen. Dabei wird vor allem die künstlerische
und technologische Pionierleistung bei der Planung und beim Bau des
Gebäudes hervorgehoben.

Die ursprüngliche Zielsetzung der Bauherren muss man im Zusam-
menhang mit den damaligen Problemen der Arbeitnehmer und ihrer
Organisationen betrachten und verstehen. Es wurde jedoch auch schon
damals vorsorglich festgelegt, dass es möglich sein sollte, die innere

Der „schlaue Turm"
zum Bau des
Volkshauses Riesa
im Jahr 1929.
Er diente zur
Beförderung des
Betongemischs in die
Verschalungen der
tragenden Teile der
fünfstöckigen
Eisenbetonstruktur.
Unten im Foto sieht
man eine Ersatzröhre
mit ihrem
Einfülltrichter
und den
Verstrebungen.

Zum Vergleich:
ein moderner
Baukranturm 2004.

Raumaufteilung zukünftig zu ändern und an eventuell andere Bedürfnisse anzupassen. Außerdem sollte man ohne große Umbauten wichtige Erweiterungen hinzufügen können.

Tatsächlich war schon 1930 ein erster Anbau für das Volkshaus geplant. Er bestand aus 38 relativ komfortablen und besonders rationell hergestellten Wohnungen. Dies entstand offenbar als erster Schritt im Rahmen der damaligen, recht ehrgeizigen Baupläne der Stadt Riesa für die Gegend östlich des Bahnhofs. Im Jahr 1932 wurden dann noch weitere 14 Wohnungen dazugebaut.

Aufgrund der wirtschaftlichen Lage (Notprogramme, Weltwirtschaftskrise von 1929) wurden diese Vorhaben hinausgeschoben und nach der Machtergreifung der Nationalsozialisten 1933 ganz aufgegeben. Die Gegend wurde erst viele Jahre später nach anderen Kriterien recht ansprechend bebaut, wie auch im nächsten Abschnitt gezeigt wird.

2 Die Träume der Stadtväter

„Ein neuer, großzügiger Bebauungsplan für das Gelände zwischen Bahnhofstraße und Bismarckstraße (heute Rudolf-Breitscheid-Straße) vom Bahnhof ostwärts ist im Entstehen begriffen. Die Vorschläge haben vor Jahresfrist der Einwohnerschaft zur Einsichtnahme vorgelegen. In der Nähe des neu geplanten Stadtzentrums, in der Nähe des Bahnhofes, eines zukünftigen neuen Rathauses und anderer wichtiger öffentlicher Gebäude wird das Volkshaus stehen."

So schrieb es der langjährige, wegen seiner Objektivität sehr beliebte und übrigens parteilose Oberbürgermeister der Stadt Riesa, Dr. Alfred

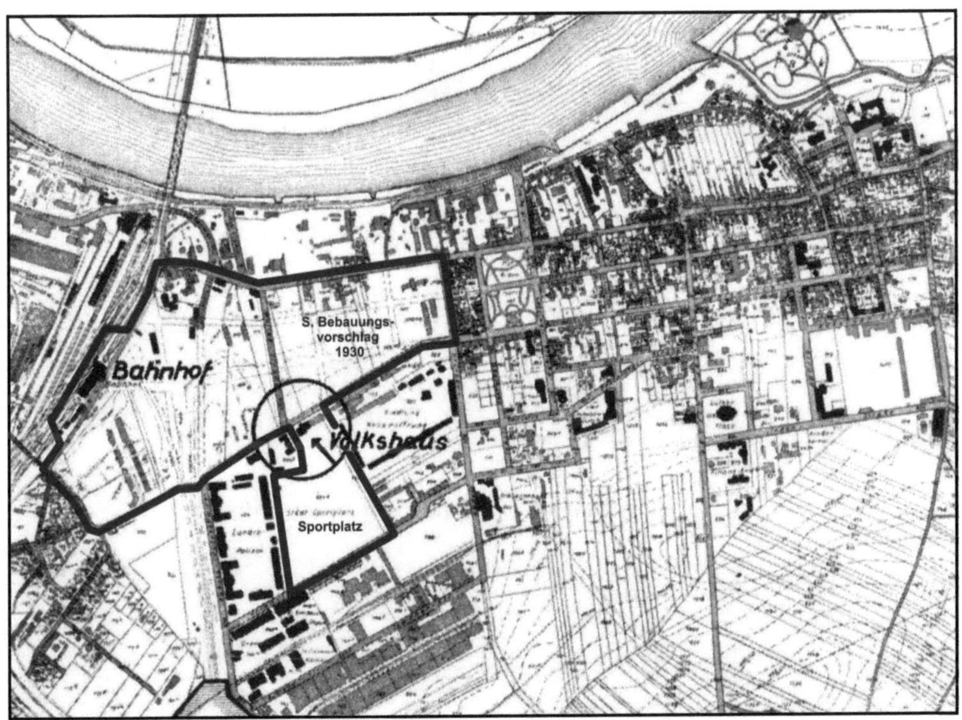

Überblick über die Stadt Riesa um 1929. Die wenig bebaute Fläche östlich des Hauptbahnhofes (schwarz umrandet) ist klar zu erkennen. Der Stadtplan stammt aus der Baubeschreibung des Volkshauses Riesa von Hans Waloschek.

Blick auf das damals schon fertiggestellte Volkshaus von der geplanten doppelspurigen Moltkestraße (s. unten). Rechts das neu zu errichtende Rathaus und links eine der geplanten Schulen. Diese Bauten wurden nie realisiert. Die Zeichnung stammt aus dem Nachlass des Architekten Hans Waloschek.

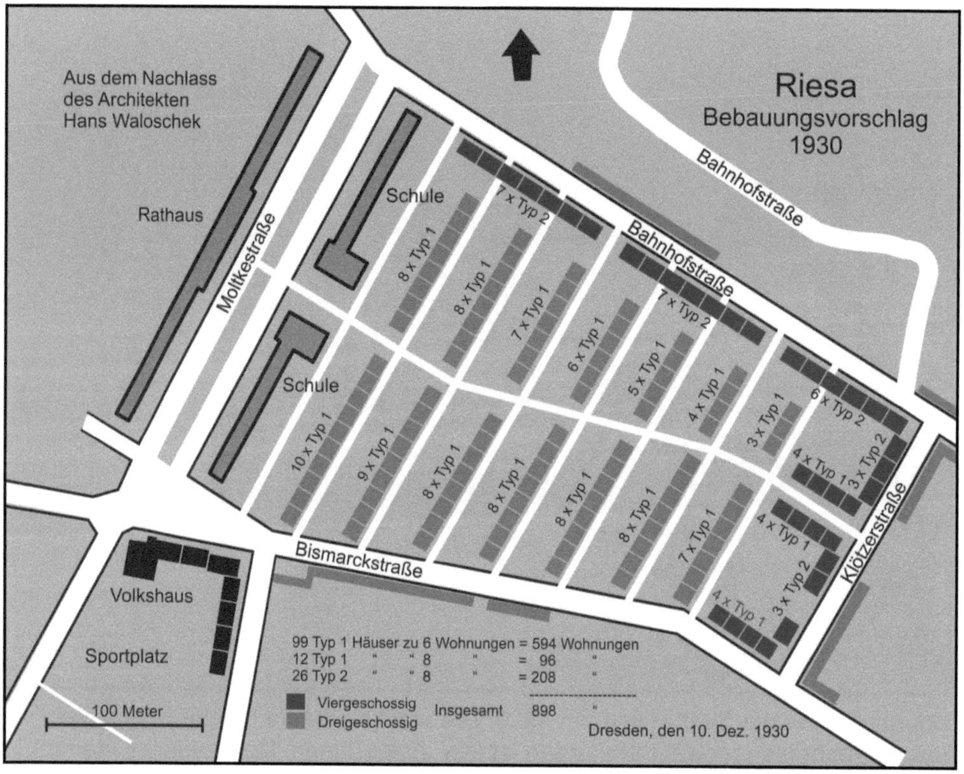

Bebauungsvorschlag, wahrscheinlich von der GEWOG-Dresden 1930 erstellt.

Scheider, in der schon erwähnten Festschrift zur offiziellen Eröffnung des Volkshauses.

Die Stadt Riesa hatte schon vor 1930 einen Wettbewerb zur *„Städtebaulichen Ausgestaltung des Stadtteiles vor dem geplanten neuen Bahnhofsgebäude in Riesa a.d. Elbe"* ausgeschrieben und ein Preisgericht ernannt, in dem die berühmten Architekten Walter Gropius und Paul Wolf die prominentesten Mitglieder waren (s. [BR91]).

Walter Gropius, der Gründer des BAUHAUSES, war natürlich ein Verfechter der modernen und möglichst rationellen Bauart, was er mit vielen Bauten und Experimenten (vor allem in Dessau) klar bewiesen hat. Der Städteplaner Paul Wolf hatte als Stadtbaurat von Dresden (1922-1945) bis 1933 auch an der Planung recht moderner Vorhaben mitgewirkt, wie zum Beispiel an der Entstehung eines großen Teiles

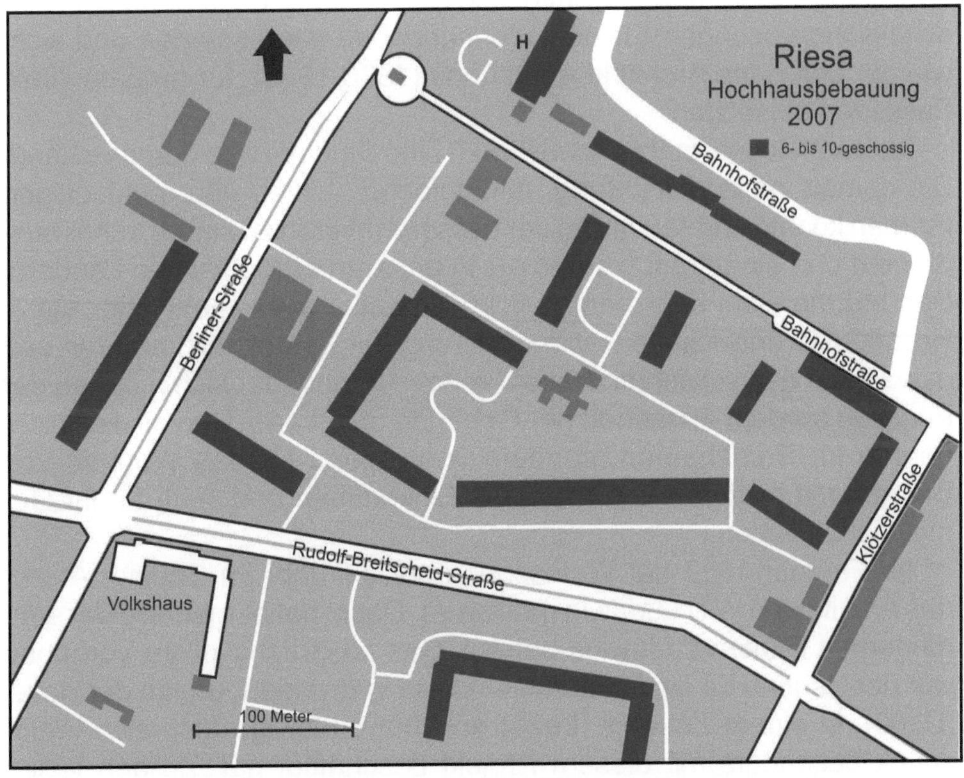

Skizze der tatsächlichen Bebauung mit mehrstöckigen Wohnblocks (2007).

der Großsiedlung Dresden-Trachau, deren Realisierung den Architekten Hans Richter und Hans Waloschek anvertraut wurde.

Die moderne Gestaltung des neuen Viertels in Riesa wurde wahrscheinlich von Gropius und Wolf stark beeinflusst. Die Baugenehmigung für das erste Vorhaben der Neuplanung, also das Volkshaus Riesa, welches bis heute ein hervorragendes Beispiel des BAUHAUS-Stils darstellt, ist ein klarer Beweis für die kommunale Unterstützung dieser damals für Riesa neuartigen Architekturrichtung. Es blieb allerdings ein Einzelstück, da der Rest der damals geplanten Anlage nie gebaut wurde.

Dass der Architekt Hans Waloschek mit der Planung des Volkshauses beauftragt wurde, ist kein Zufall. Er hatte sich schon seit einigen Jahren mit den damals modernen Tendenzen des Bauens beschäftigt. In seiner Heimatstadt Wien hatte er mit Architekten der Wiener Siedlungsbewegung zusammengearbeitet, die sich besonders für neue und wirtschaftliche Lösungen für den Wohnungsbau interessierten und sich, wie der berühmte Architekt Adolf Loos (1870-1933), für ornamentlose Fassaden einsetzten.

Waloschek unternahm schon 1926 eine Studienreise durch Holland. Die damals neue Stilrichtung, mit einfachen Linien und rechteckigen Formen konnte dort (aufgrund der besseren Wirtschaftslage) früher ausprobiert und eingeführt werden als in anderen europäischen Ländern. Das hat ihn wohl sehr beeindruckt. Er wollte auch mehr über die in Holland neu entwickelte Rationalisierung der Bautechnik erfahren und dabei auch den schlichten Baustil kennen lernen, der sich mehr an der Funktion als dem Aussehen der Gebäude orientierte. Und all dies nicht gerade für Prunkbauten, sondern vorwiegend für das Wohnen von Bürgern mit mittleren und kleineren Einkommen und auch für ihr Gemeinschaftsleben.

Ab Februar 1927 hat Waloschek über ein Jahr im Berliner Atelier des Architekten Willi Ludewig gearbeitet. Dabei hat er mehrere der sehr modernen Bauten Ludewigs betreut. Das anspruchsvollste Vorhaben war der Neubau für die Ortskrankenkasse in Brandenburg an der Havel [Da00]. In einem Zeugnis [Lu28] erwähnt Ludewig, dass sich Waloschek besonders mit diesem Projekt beschäftigt hat. Zu den vielen damals von Ludewig entworfenen Bauten gehörten auch Volkshäuser in Salzwedel, Michendorf, Spremberg und Fürstenwalde. Später hat er auch die Planung der Volkshäuser in Riga, Lückenwalde, Forst und Cottbus übernommen [Lu50].

Große Aufträge bekam Ludewig durch Vermittlung der gewerkschaftseigenen „Deutschen Wohnungsfürsorgegesellschaft für Beamte, Angestellte und Arbeiter" (DEWOG) in Berlin, die neben eigenen Bauvorhaben auch Kommunen und Siedlervereine beratend, organisatorisch und finanziell (durch befreundete Banken) unterstützte (s. Anhang). Die DEWOG hatte in Deutschland viele Tochtergesellschaften, die bis 1930 (und seit 1924) schon den Bau von etwa 28.000 Kleinwohnungen betreut hatten, zum Teil in eigener Regie.

Im März 1928 wurde Waloschek von der DEWOG übernommen, um in Dresden eine „Zweigniederlassung Sachsen" und eine weitere Toch-

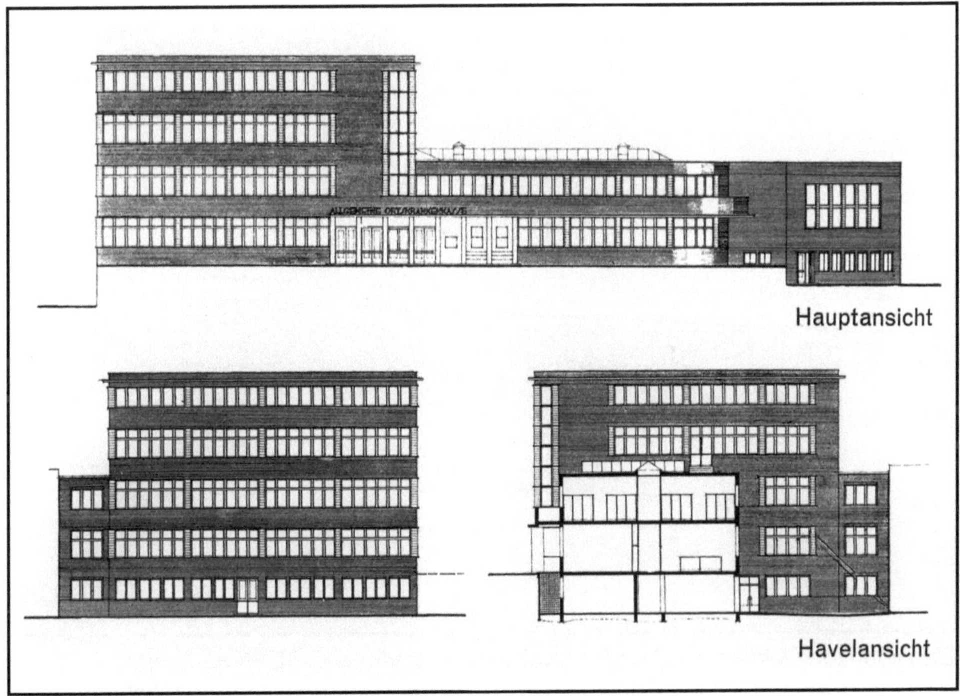

Willi Ludewigs Projekt für den Neubau der Ortskrankenkasse in Brandenburg an der Havel, mit dem sich auch Hans Waloschek beschäftigt hat. Die Abbildung stammt aus dem Buch „Architekt Ludewig" (1930) [Lu30].

tergesellschaft zu gründen, die „Gemeinnützige Wohnung- und Heimstätten-Gesellschaft für Arbeiter, Angestellte und Beamte m.b.H.", die kurz GEWOG-Dresden genannt wurde. Waloschek war der technische Leiter und der Dresdner Kommunalpolitiker Richard Rösch der Geschäftsführer.

Zu den ersten Aufträgen der GEWOG-Dresden gehörte der Bau von 14 Häusern mit je 4 unabhängigen Wohneinheiten für den „Allgemeinen Sächsischen Siedlerverband e.V." (ASSV) in Dresden-Trachau [AS30]. Als Bauherr (also mit Eigenkapital und Hypotheken) übernahm die GEWOG-Dresden gleichzeitig den Bau eines beachtlichen Teiles der schon erwähnten Großsiedlung Dresden-Trachau.

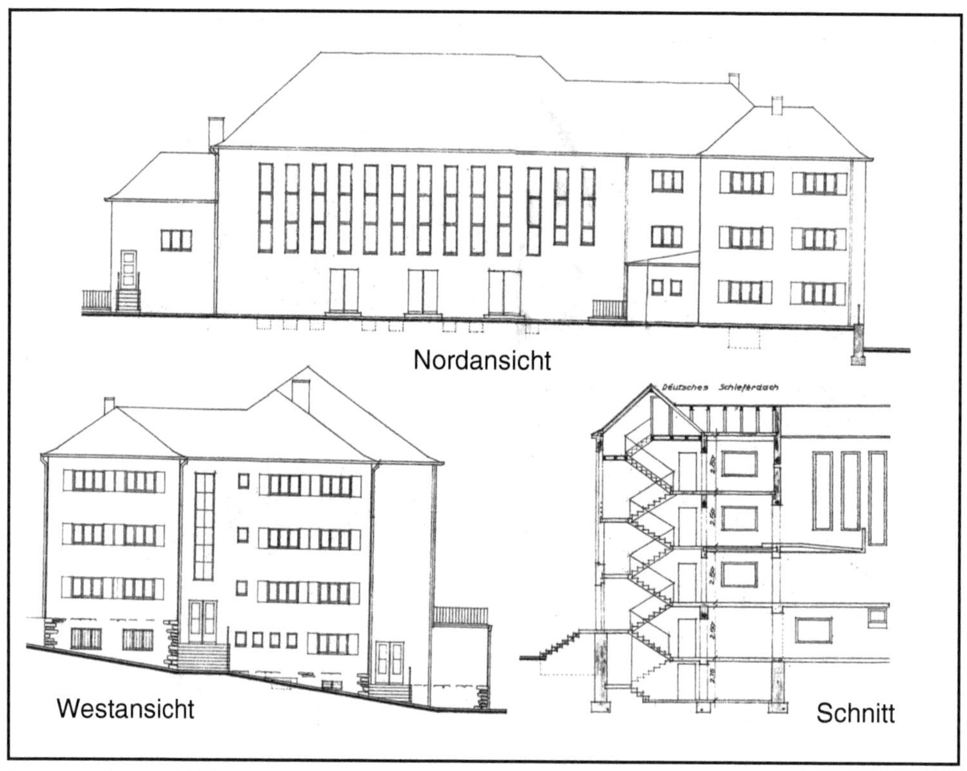

Das von Hans Waloschek 1929 entworfene und von der GEWOG-Dresden gebaute Volkshaus in Schönheide im Erzgebirge mit einem großen Gästesaal, Küche, Kegelbahn und 6 Wohnungen. Es wurde 1995/96 vollständig saniert und umgebaut. Es entstanden 16 moderne Wohnungen mit allem notwendigen Komfort. Dabei musste die Anordnung der Fenster verändert werden [He01].

Diese beiden Vorhaben sollten nach modernen Vorstellungen gebaut werden. So waren zum Beispiel Flachdächer schon im Bebauungsplan vorgesehen, ganz im Sinne der Architekten Richter und Waloschek. Dies war allerdings ein Novum für Dresden und verursachte langwierige Diskussionen (s. auch [WH29] [WH31] und [WH32]).

Hierzu muss man betonen, dass es 1929 in deutschen Städten nicht selbstverständlich war, Flachdächer zuzulassen. So hat zum Beispiel Waloschek gleichzeitig ein Volkshaus in Schönheide im Erzgebirge entworfen und gebaut, das zwar äußerlich sehr modern aussah, jedoch ein klassisches Giebeldach bekam.

In Riesa blieb es aber beim stilgerechten Flachdach.

3 Die Wünsche der Auftraggeber

Volkshäuser wurden schon um 1900, aber besonders nach dem Zweiten Weltkrieg in vielen europäischen Städten errichtet. Sie entsprachen dem Begehren von Arbeitnehmervereinigungen und den ihnen nahestehenden Organisationen, meist Parteien oder Gewerkschaften. Sie sollten Aufgaben der damals fehlenden öffentlichen sozialen Einrichtungen übernehmen, also zum Beispiel der Kontaktpflege und Geselligkeit dienen. Aber auch für Schulungen und Versammlungen sollten sie benutzt werden, eventuell sogar für Kongresse, mit der Möglichkeit Gäste unterzubringen. Damals dringend benötigte Sekretariatsräume für die beteiligten Organisationen sollten bereit gestellt werden, aber eventuell auch Lesesäle, Bibliotheken, Sportanlagen, Bäder und preiswerte Cafés oder Restaurants (s. auch [Ma87]).

Mit mehreren dieser Ziele im Visier hatten einige Organisationen und Unternehmen am 5. Januar 1928 die „Volkshaus Riesa GmbH" gegründet – mit einem Stammkapital von 20.500 RM und unter dem Vorsitz der Herren Alfred Kiß (s. Anhang) und Oskar Waltz. Ein sechsköpfiger Aufsichtsrat wurde auch eingesetzt.

Nach längerer Suche nach einem geeigneten Grundstück hat der Rat der Stadt Riesa der neu gegründeten Gesellschaft, im Rahmen der schon erwähnten Planung eines neuen und modernen Stadtteils, ein 4000 qm großes Areal an der Bismarckstraße in Erbbaurecht übergeben. Das Volkshaus sollte der erste Schritt in der geplanten Neugestaltung der Gegend zwischen der damaligen Bismarck-, Moltke-, Klötzer- und Bahnhofstraße werden.

Es war wohl naheliegend, dass man über den Bau des Volkshauses mit einer gemeinnützigen (also nicht auf Profit ausgerichteten) und gewerkschaftseigenen Organisation wie der DEWOG/GEWOG verhandelte. Man war sich bald einig: Die GEWOG-Dresden wurde von der „Volkshaus Riesa GmbH" mit der Planung des Volkshauses beauftragt. Vorsitzender Alfred Kiß und Architekt Hans Waloschek hatten wohl viel zu besprechen. Sie wurden Freunde auf Lebenszeit.

Für Hans Waloschek war es *„selbstverständlich, dass das Volkshaus als reiner Zweckbau mit keinerlei Ornamentik belastet wurde, sondern den modernen Grundsätzen nach einfacher klarer Architektur ent-
spricht. Die Gruppierung in Büro und Gesellschaftsblock erwies sich
als zweckmäßig. Schon im Äußeren kennzeichnen sich die Baumas-
sen durch den fünfgeschossigen Büroblock und den zweigeschossigen
Saalbau. Zwischen beiden steht verbindend das Treppenhaus als höchs-
ter Bauteil“.*

Über den schlichten und modernen Baustil waren sich sehr wahrscheinlich Baubehörde und Architekt schon vom Anfang an einig. Die
bereitzustellenden Einrichtungen wurden dagegen von der „Volkshaus
Riesa GmbH“ (als Bauherr) festgelegt – auch bezüglich der Änderun-

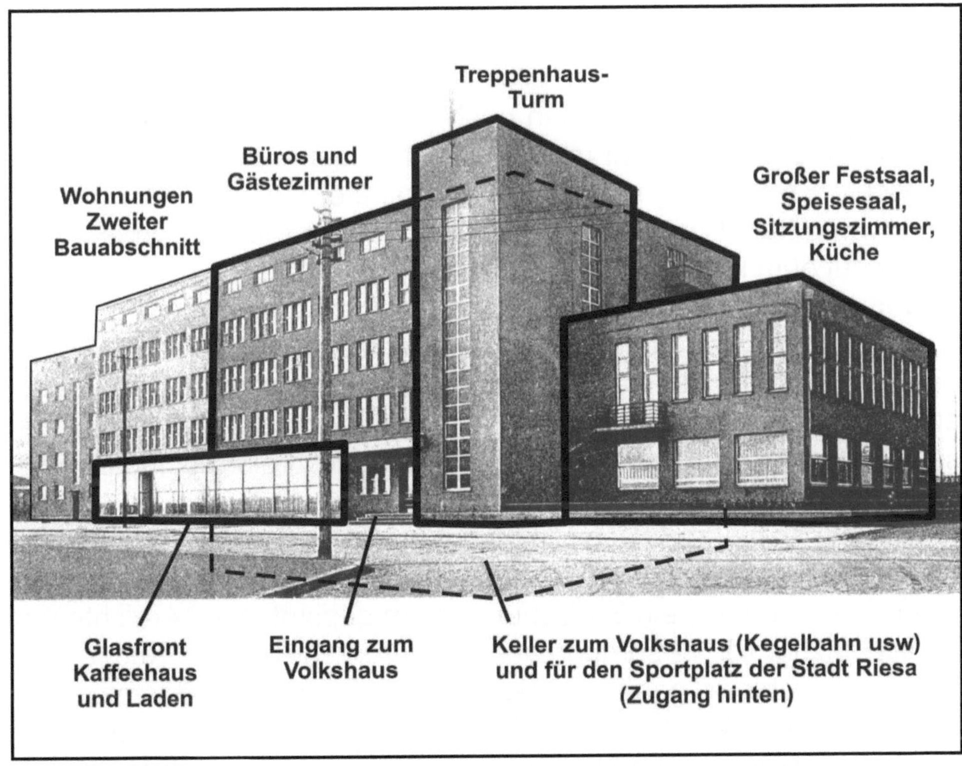

Die klar sichtbare Aufteilung der Funktionen im Volkshaus Riesa. Die links
gezeigten „Wohnungen“ und die darunter liegende Erweiterung des Kaffeehauses
und ein Laden (Glasfront) wurden erst in der zweiten Stufe ab 1930 angebaut.

Maquette der ursprünglichen Planung mit den späteren Ausbaustufen.

gen, die später eventuell möglich sein sollten. Es wurde großer Wert
darauf gelegt, das Volkshaus ohne große Umbauten wesentlich erwei-
tern zu können.

Als erster Schritt sollten möglichst viele Wohnungen angebaut werden und in einem weiteren ein noch größerer Festsaal. All dies war
schon vorsorglich geplant und in einer Maquette dargestellt. Die ge-
wünschte Erweiterung (mit erst 38 und später weiteren 14 Wohnungen) wurde bald Realität (s. Abschnitt 4), der größere Festsaal (ganz
rechts auf dem Foto der Maquette) blieb ein Traum.

Der vom Architekten als „Gesellschaftsblock" bezeichnete Teil sollte
auf jeden Fall einen Speisesaal (oder Restaurant) für etwa 60 Personen beinhalten – mit einer großzügig und modern angelegten Küche,
einer Anrichte und einem durch eine Treppe erreichbaren Kellerlager
samt Kühlanlage (auch für Bier). Dazu kam noch ein Sitzungszimmer
(hinter dem Speisesaal) mit 60 Plätzen.

Darüber sollte (im ersten Stock) ein größerer Festsaal für 250 Personen entstehen – mit getrenntem Straßenzugang, Garderobe und Toiletten. Daneben war ein Erfrischungsraum geplant, samt Anrichte und
Speiseaufzug, zur Versorgung aus der darunterliegenden Küche.

Zum „Büroblock" gehörten ursprünglich 6, später 12 Gästezimmer,
jedes mit einem Waschbecken mit fließendem warmen und kalten Wasser. Ein Bad und Toiletten lagen in jedem Stockwerk auf dem Gang.

Außerdem sollten in den oberen drei Stockwerken insgesamt vier
Dreizimmerwohnungen mit Bad und Küche untergebracht werden.

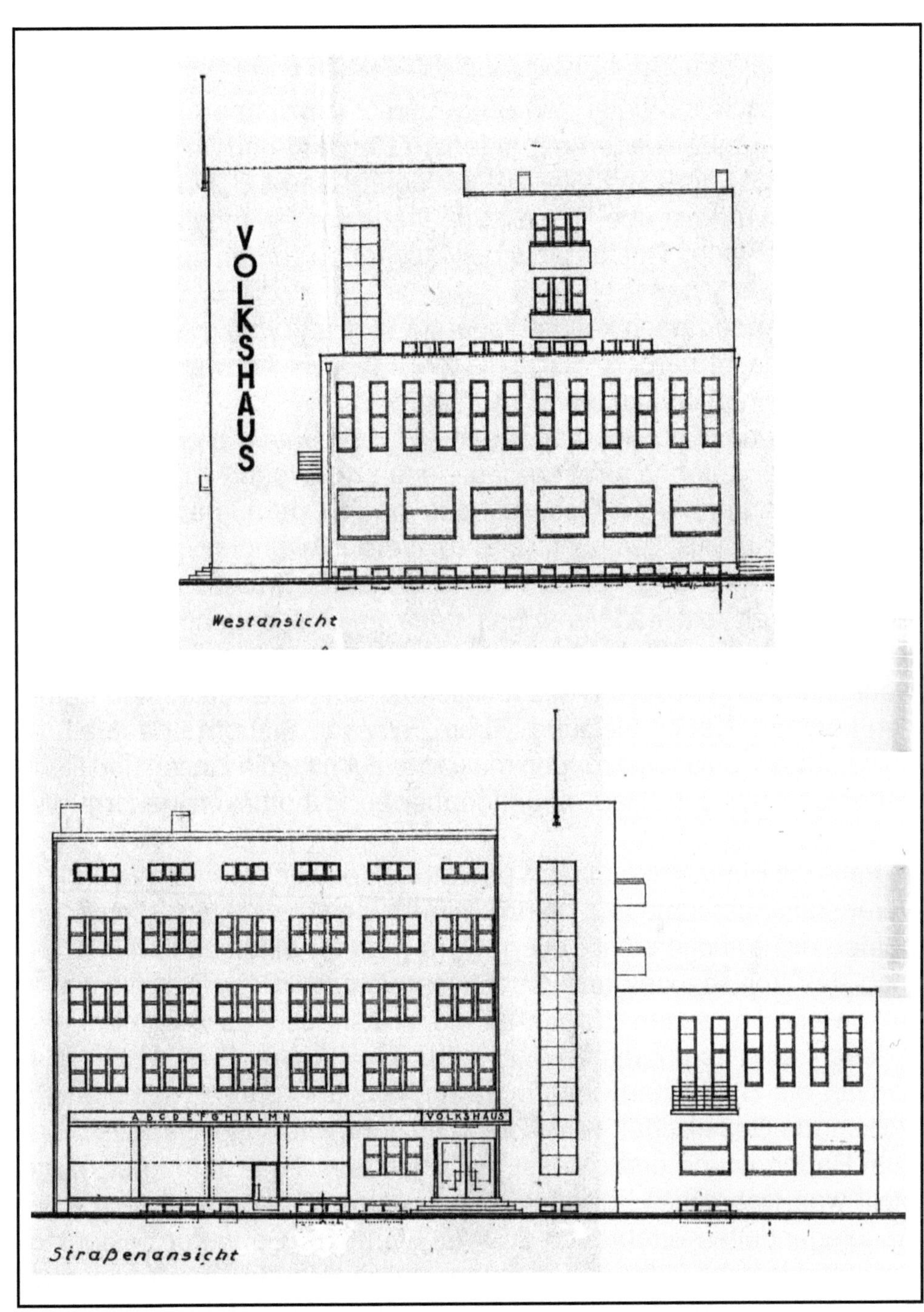

Ansichten der erste Ausbaustufe des Volkshauses (Pläne von 1929).

Dadurch musste die Zahl der Büros schließlich auf 21 reduziert werden.

Im Erdgeschoss (unter den Büro- und Gästezimmern) war anfangs ein 111-qm-großer Laden mit eigenem Eingang und Toilette geplant, dem auch ein Lager im Keller zur Verfügung stand. Schon vor der Fertigstellung wurde er aber in ein Kaffeehaus umgewandelt, das von der großen Küche des Restaurants bewirtschaftet werden sollte (s. Zeichnungen).

Solche Änderungen könnten später mit relativ wenig Aufwand rückgängig gemacht werden, weil ja die meisten Zwischenwände aus leichten Lochsteinen bestanden.

Zur Umwandlung des Ladens in ein Kaffeehaus passte auch der Einbau einer anfangs nicht vorgesehenen Kegelbahn im Keller.

Mit Restaurant, Café, Gesellschafts- und Gästeräumen wurde somit das Volkshaus als Treffpunkt und für Veranstaltungen recht attraktiv. Die Geschäftsleitung hat es in einem Inserat in der Festschrift zur Enweihung als *„die modernste Gaststätte am Orte"* angeboten (s. nächste Seite). Offensichtlich erwartete man damit Einnahmen, mit denen wenigstens ein Teil der laufend anfallenden Unkosten eingetrieben werden konnten. Neben Heizung, Strom, Wasser, Steuern und eventuell notwendigen Instandsetzungen musste ja auch für die Zinsen und Rückzahlungen der zum Bau aufgenommenen Hypotheken gesorgt werden.

Falls die Einnahmen durch Vermietung der vier Wohnungen und der Veranstaltungsräume und natürlich durch den erwähnten Gaststättenbetrieb nicht ausgereicht hätten, wäre man für einen zukünftigen Betrieb des Volkshauses auf Zuschüsse wohlgesinnter Organisationen angewiesen gewesen. Damit hat die Volkshaus-Gesellschaft ein gewisses Risiko übernommen.

Was die Baukosten betrifft, waren Vorstand und Aufsichtsrat der Volkshaus-Gesellschaft vom Anfang an sehr vorsichtig. Der Beschluss zum Bauen wurde erst gefasst, nachdem die Finanzierung sichergestellt war, wahrscheinlich nach Beratung mit Experten der in solchen Angelegenheiten erfahrenen DEWOG-Gruppe. So wurde festgelegt, dass mindestens 30% als Eigenkapital (mit Hilfe der Gewerkschaften und einer Volksanleihe) für den Bau zur Verfügung stehen sollten.

Volkshaus Riesa

Modernste Gaststätte am Orte.
Gut eingerichtete Restaurations-,
Cafè- und Gesellschafts-Räume.
Fremdenzimmer mit fließendem
warmen und kalten Wasser.
Durch unsre technischen Einrich-
tungen sind wir in der Lage un-
sern Gästen das Beste an Spei-
sen und Getränken zu mäßigen
Preisen zu bieten.
Eigene Konditorei u. Kühlanlage.
Kegelbahn und großer Garten.
Besichtigung gern gestattet!

Die Geschäftsleitung

Inserat aus der Festschrift zur Eröffnung des Volkshauses Riesa 1930.

Nach den Berechungen der GEWOG-Dresden sollte das Gebäude in der ersten Ausbaustufe 300.000 RM kosten und die Inneneinrichtung zusätzliche 32.000 RM. Die nach Abzug des Eigenkapitals noch nötigen 234.000 RM wurden also als Hypotheken für den Bau aufgenommen.

Die „Volkshaus Riesa GmbH" hatte gute Beziehungen zur Stadtverwaltung, und so wurde vereinbart, dass ein Teil des Volkshauskellers den Benutzern des städtischen Sportplatzes (der „Schwarze Platz", gleich hinter dem Volkshaus) unentgeltlich zur Verfügung gestellt wird. Es handelte sich vor allem um Sportvereine, die ihre Geräte auch im Volkshaus-Keller lagern durften. Es wurden dafür geeignete Umkleide-, Wasch- und Sanitärräume eingerichtet und auch mehrere kleine Gerätelager, die alle durch einen Hintereingang direkt vom Sportplatz erreichbar waren.

Erste Ausbaustufe des Volkshauses (Foto aus dem Nachlass Hans Waloschek).

Der Vorraum mit Garderobe

Der große Festsaal (250 Plätze)

Das Restaurant (60 Plätze)

Die Großküche mit Elektroherd

Das Sitzungszimmer (60 Plätze)

Das Kaffeehaus

Abbildungen aus der Festschrift zur Eröffnung des Volkshauses Riesa am 1. März 1930

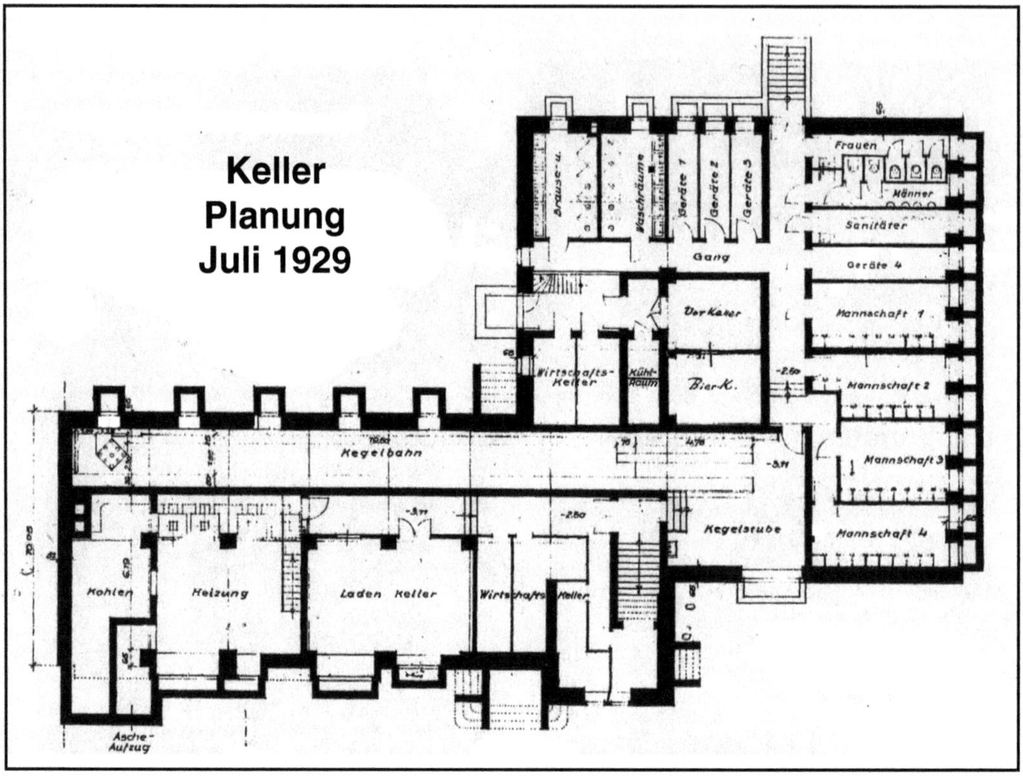

Keller
Planung
Juli 1929

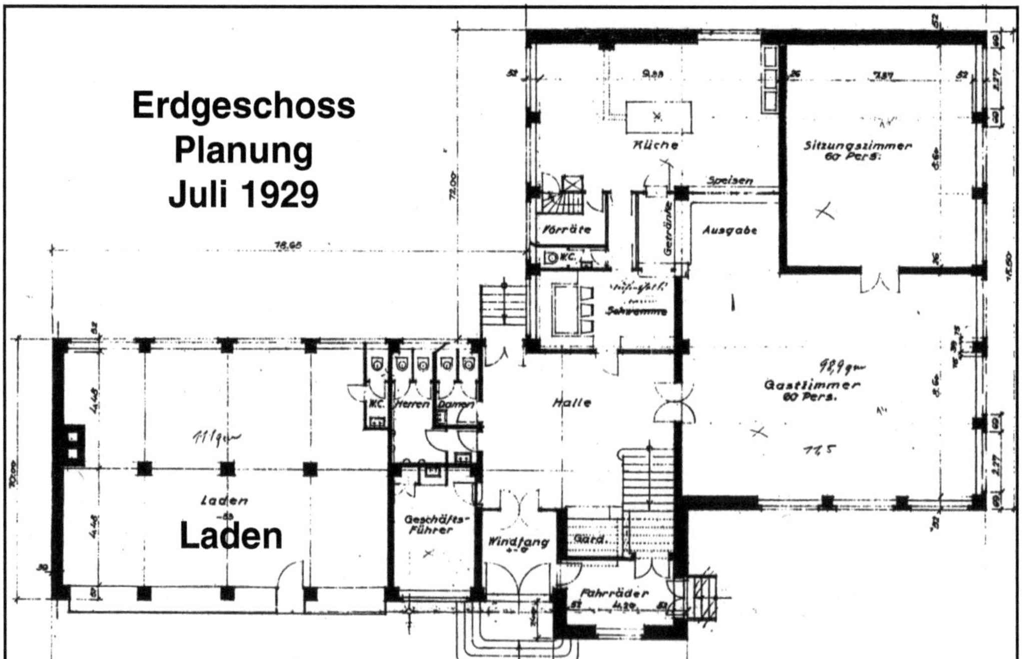

Erdgeschoss
Planung
Juli 1929

Laden

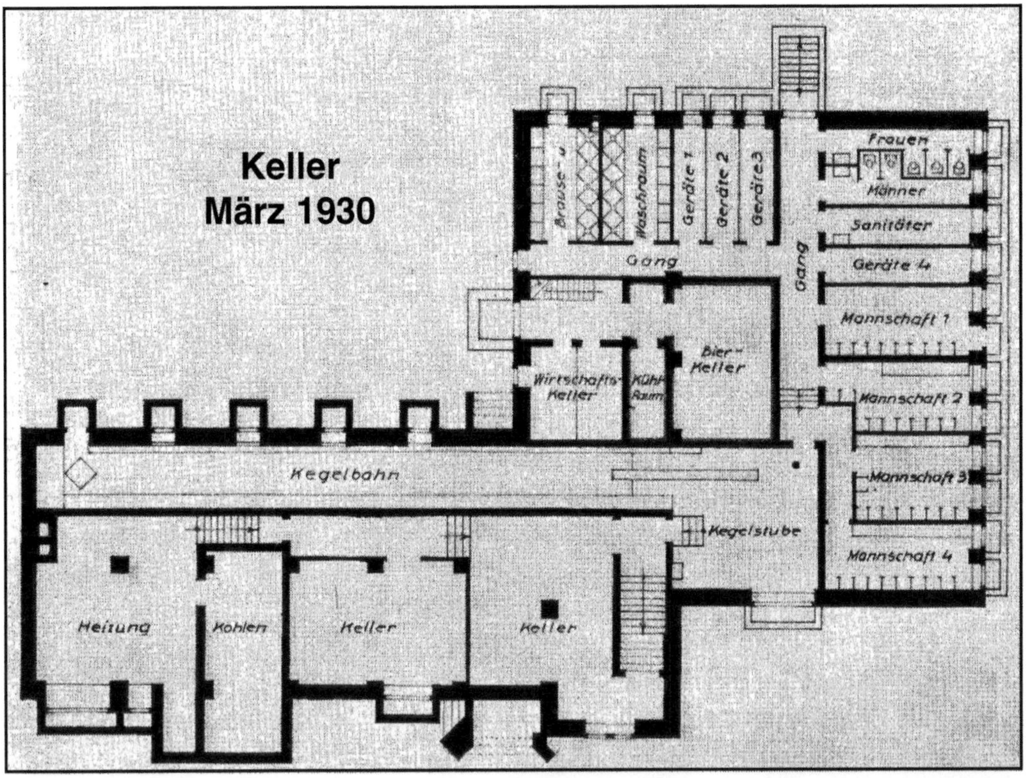

Keller
März 1930
Brause- u.
Waschraum
Geräte 1
Geräte 2
Geräte 3
Frauen
Männer
Sanitäter
Geräte 4
Mannschaft 1
Mannschaft 2
Mannschaft 3
Mannschaft 4
Gang
Gang
Bier-Keller
Wirtschafts-Keller
Kühl-Raum
Kegelbahn
Kegelstube
Heizung
Kohlen
Keller
Keller

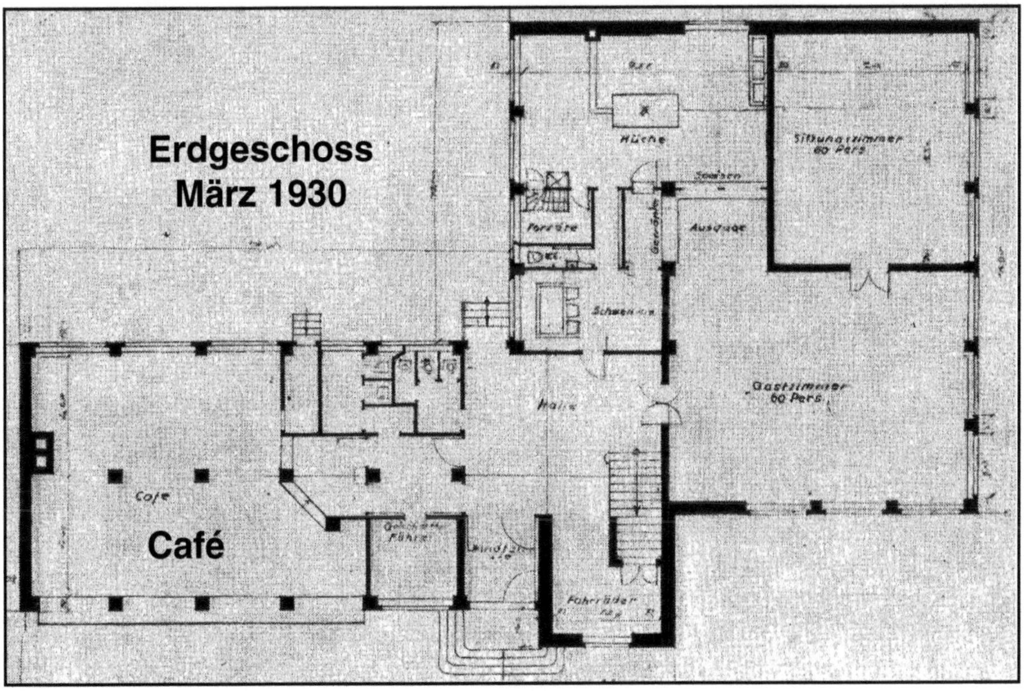

Erdgeschoss
März 1930
Café
Küche
Sitzungszimmer
60 Pers.
Anrichte
Auslage
Geschirr
Schenke
Gastzimmer
60 Pers.
Garderobe
Halle
Cafe
Fahrräder

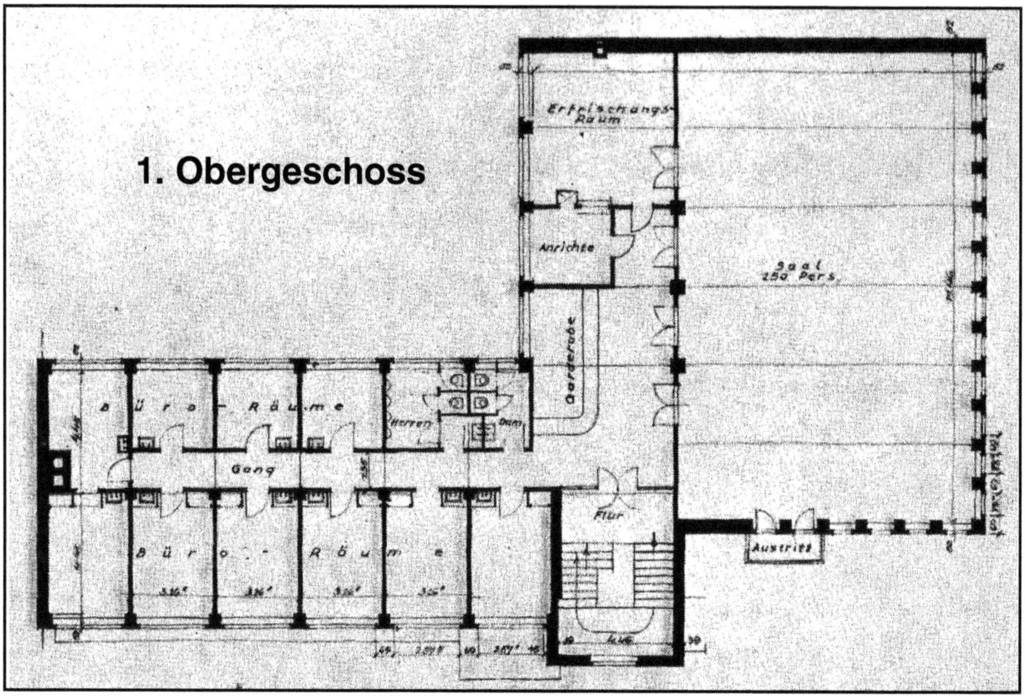

1. Obergeschoss

2. Obergeschoss

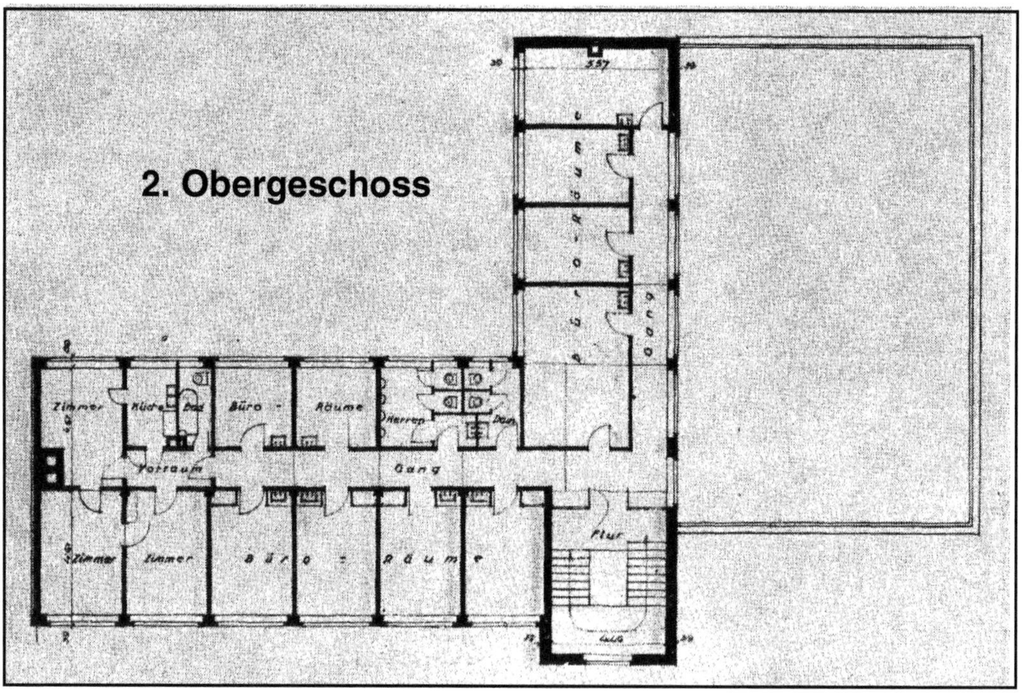

3. Obergeschoss

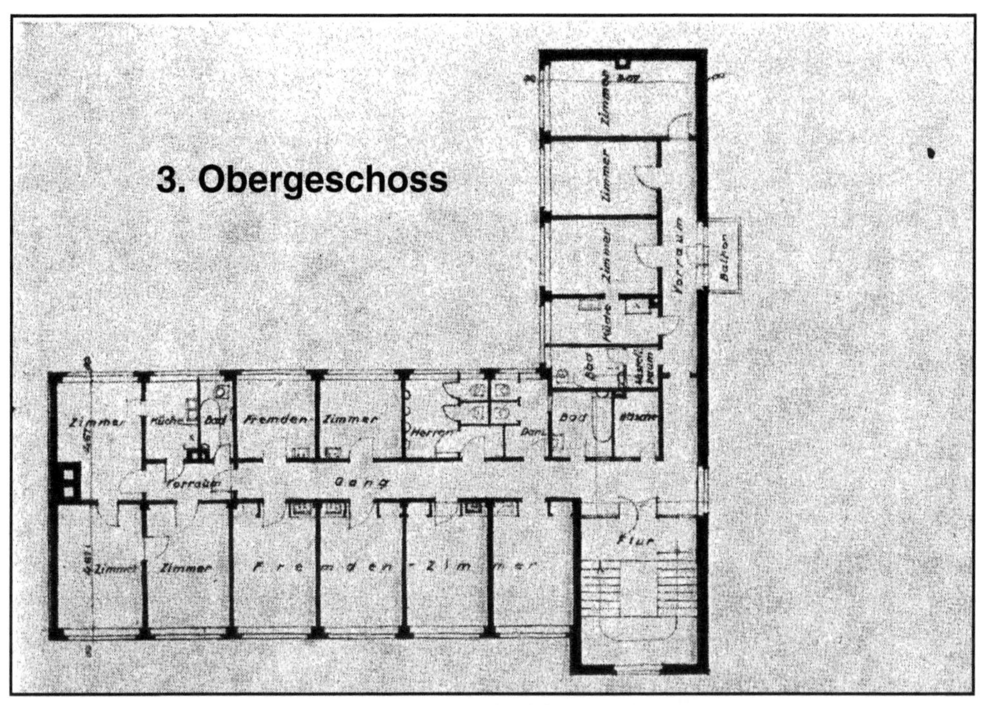

4. Obergeschoss

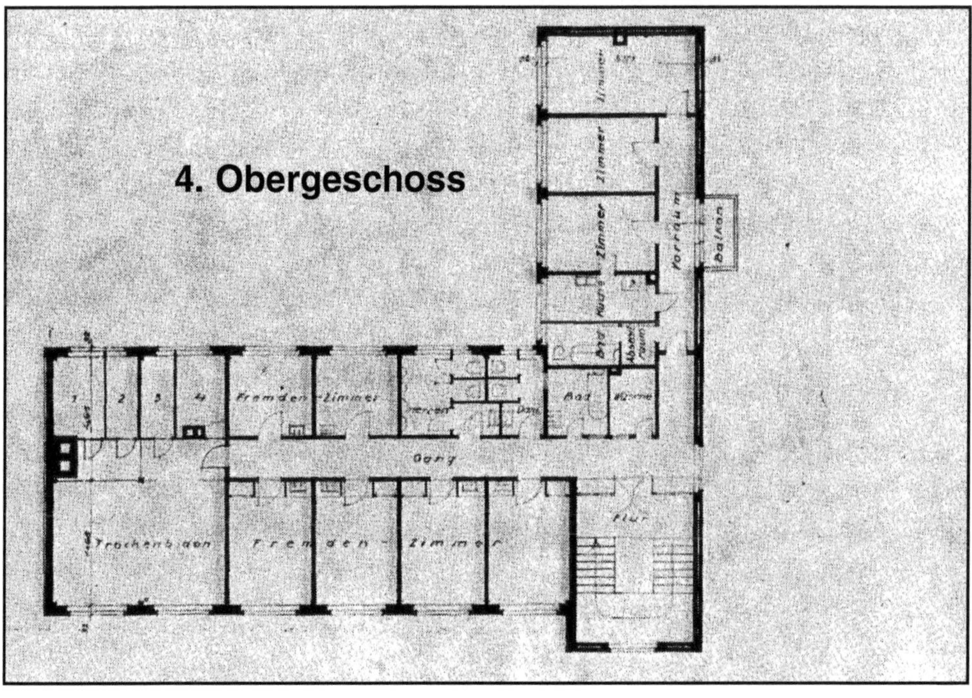

Nach den Wünschen der Planer sollte das Volkshaus seine Funktion über viele Jahrzehnte erfüllen und möglichst wenig Instandhaltungskosten verursachen. Der Architekt hat diesen Wünschen entsprochen und in allen Details einen hohen Qualitätsstandard verlangt, natürlich im Rahmen der zur Verfügung stehenden Mittel. Hier ein Teil seiner Baubeschreibung:

„Die Dächer sind in der Hauptsache als Massivdächer ausgeführt mit Isolierplatteneinlage und Schutzbeton im Gefälle und dreifacher Bitumenpapplage. Die Fußböden sind mit 3 mm starkem Linoleum auf 15 mm Korkestrich belegt, der Saal mit Parkett in Heißasphalt. Sämtliche Räume haben Doppelfenster und Gittersperrtüren bester Ausführung (Deutsche Werkstätten Hellerau). Die verwendeten Beschläge sind aus Weißbronce ... Für die Warmwasserversorgung nach sämtlichen Räumen mussten, der Beschaffenheit des Riesaer Wassers wegen, Kupferrohrleitungen verwendet werden. Für die Ausführung des Baues wurden durchweg Qualitätsbaustoffe verwendet. Die Restaurationsküche und die öffentlichen Klosettanlagen sind mit Wand- und Bodenfliesen ausgestattet."

Zur Küche bemerkt der Architekt:

„Das Bestreben, diesen Neubau in seinen sämtlichen Teilen mit allen Errungenschaften der Neuzeit auszurüsten, war bestimmend für die Einrichtung einer elektrischen Großküchenanlage."

Sie bestand aus einem Großküchenherd mit 8 einzeln beheizten Kochplatten, zwei Brat- und Backöfen mit Ober- und Unterhitze und einem elektrischen Warmhalteschrank. Alles wurde von der Firma Siemens-Schuckertwerke-AG geliefert.

Eine vollkommen automatische Kälteanlage im Keller versorgte einen fast 10 qm großen Bierkeller ($+6^0$ bis $+8^0$), zwei Fleischlagerräume ($+4^0$ bis $+6^0$ und $+2^0$ bis $+4^0$) und eine Kühltheke für den Bierausschank.

Alle Beteiligten, vor allem die auftraggebende Volkshaus-Gesellschaft, die Behörden, die durchführenden Firmen und der Architekt, konnten das Ergebniss bei der Einweihung des Volkshauses recht stolz präsentieren!

4 Der rationelle Wohnungsbau

Zu den ursprünglichen Wünschen der Volkshaus-Planer gehörte ein größerer Anbau mit möglichst vielen erschwinglichen, aber relativ gut eingerichteten Wohnungen. Dieses Vorhaben konnte wohl im Rahmen der finanziellen Möglichkeiten der „Volkshaus Riesa GmbH" nicht realisiert werden. Dazu fehlte das nötige Eigenkapital, und es hätte auch nicht den Zielen der Gesellschaft entsprochen.

Ganz anders war die Lage der GEWOG-Dresden, die große Wohnungsanlagen in eigener Regie (also als „Bauherr" mit genügend Eigenkapital) finanzieren und dann auch durch Mieteinnahmen erfolgreich betreiben konnte. Die GEWOG-Dresden konnte auch die Planung und Bauleitung übernehmen und setzte dabei sehr rationelle Techniken ein, mit denen die Herstellungskosten stark reduziert wurden.

Wichtigstes Beispiel eines solchen Vorhabens war der Bau eines guten Teiles der modernen Großsiedlung Dresden-Trachau.

Es war also naheliegend und vielleicht schon vom Anfang an geplant, dass die GEWOG-Dresden den Bau der am Volkshaus Riesa anschließenden Wohnblocks voll übernehmen würde. Dabei konnte die GEWOG-Dresden auch anschaulich zeigen, wie sie sich die weitere Bebauung östlich des Riesaer Bahnhofs vorstellte.

Schon zur Zeit der Eröffnung des Volkshauses Riesa im März/April 1930 hatte die GEWOG-Dresden (als Bauherr und für die Ausführung zuständig) die Pläne für einen im Stil passenden Anbau entlang der Bismarckstraße und der damalige Jahnstraße bei der Baubehörde eingereicht [WaHH]. Es sollten dabei 38 zusätzliche Wohnungen entstehen

Nach diesen Plänen waren lediglich im Erdgeschoss, an der Grenze zum Volkshaus, eine Erweiterung des Kaffeehauses und ein zusätzlicher Laden vorgesehen, die noch in die Eisenbetonstruktur des Volkshauses integriert waren. Die oberen Geschosse und der Rest des Anbaues wurden in konventioneller Bauweise durchgeführt. Der gesamte Anbau wurde von der Firma Karl Siegert übernommen.

Im Anbau waren (wie übrigens auch im ganzen Volkshaus-Gebäude) sowohl Keller- wie auch Dachgeschoss vorgesehen. Der Keller war wohl als Lager zu benutzen (zum Teil für Kohle oder Briketts), die Dachböden zum Trocknen der Wäsche.

Das Grundprinzip der Wohnzeilen am Riesaer Volkshaus war sehr ähnlich mit dem der Großsiedlung Dresden-Trachau und der vielen anderen damals gebauten Siedlungen. Jede „Zeile" bestand aus einzelnen, im Grundriss möglichst identischen, aneinander gereihten „Häusern". Und jedes der drei- oder vierstöckigen „Häuser" hatte in der Mitte ein Treppenhaus, von dem aus (in jedem Stockwerk) eine Wohnung links und eine rechts erreichbar war (bei manchen Projekten noch eine dritte Wohnung in der Mitte).

So wie es bei konventionellen Siedlungsbauten auch üblich war, konnten durch die Aufteilung in praktisch identische „Häuser" die Herstellungskosten stark verringert werden. Viele Bauteile wurden serienmäßig fabriziert oder sogar vorgefertigt, wie es dann bei den Plattenbauten (im Osten) und Wohnsilos (im Westen) weitgehend praktiziert wurde. Die Genehmigungen der Baubehörden waren so gut wie sicher, und die Kosten für Planung und Bauleitung konnten auf ein Minimum reduziert werden. Die Aufteilung in unabhängige „Häuser" erlaubte es auch,

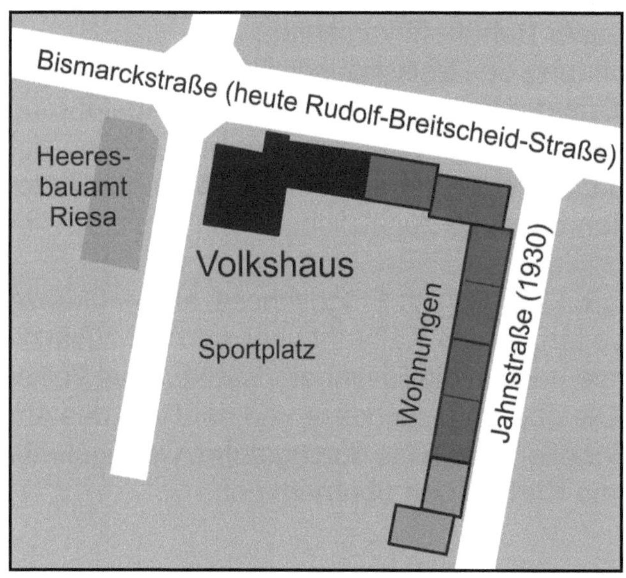

Lageplanskizze des Volkshauses und der im zweiten Bauabschnitt angegliederten Wohnblocks, unterteilt in „Wohneinheiten" (s. S. 44). Die zwei letzten Blocks in der Jahnstraße (hellgrau) sind in den Plänen vom April 1930 noch nicht enthalten. Sie wurden erst 1932 angebaut.

Oben: Die Ecke Jahnstraße (nach links) und Bismarckstraße (heute Rudolf-Breitscheid-Straße), im Jahr 1931. Bilder aus dem Nachlass des Architekten Hans Walsochek. Unten: Ein Blick auf den ganzen Gebäudekomplex aus dem gegenüberliegenden Hochhaus, fotografiert 2005 von Peter Gruhle (Riesa).

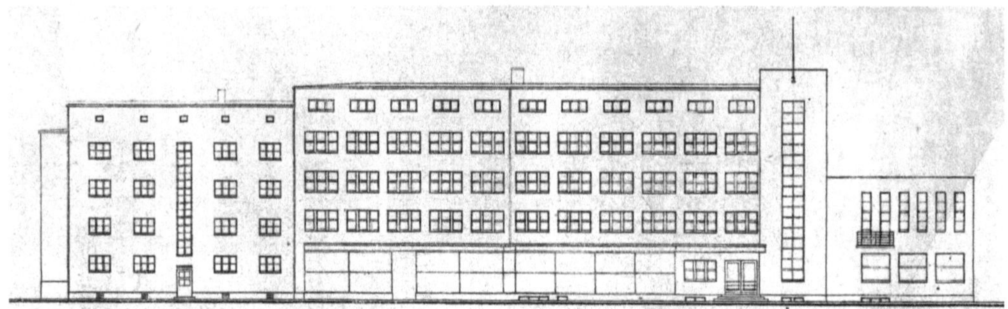

Gesamtansicht Bismarckstraße

die Höhenlage der einzelnen Häuser sehr einfach dem Gelände anzupassen und existierende Straßentrassen zu berücksichtigen, wie das im Riesa-Anbau tatsächlich auch gemacht wurde: Es gab Höhenunterschiede in der Jahnstraße, die auch nicht genau im rechten Winkel zur Bismarckstraße verlief.

Bemerkenswert ist der Unterschied zwischen der Ausstattung der Wohnungen an der Bismarckstraße und der weniger anspruchsvollen an der Jahnstraße. Auch hier sollte wohl gezeigt werden, wie man unterschiedlichen Ansprüchen der zukünftigen Einwohner gerecht werden kann.

So hatten alle 14 Wohnungen der vierstöckigen Häuser an der Bismarckstraße Zentralheizung und wahrscheinlich auch Warmwasserversorgung, die wohl an die Anlagen des Volkshauses angeschlossen waren, so wie es die GEWOG in der Großsiedlung Dresden-Trachau auch schon realisiert hatte [Ge31] [WH29].

Die Einwohner konnten ihre Heizungen nach Bedarf individuell einstellen. Es wurden schon damals in Dresden-Trachau „Wärmezähler" (Verdunstungsröhrchen) an den Heizkörpern befestigt, mit denen der tatsächliche Wärmeverbrauch gemessen und dann verrechnet wurde. Es ist anzunehmen, dass solch ein System auch in Riesa eingesetzt werden sollte.

Die 24 Wohnungen der dreistöckigen Häuser an der Jahnstraße dagegen waren für die Aufstellung von Öfen vorbereitet. Jedes Zimmer konnte an eine der eingebauten Schornsteinröhren angeschlossen werden. Die GEWOG konnte hier wieder auf Erfahrungen in Trachau zurückgegriffen (die Siedlung Sonnenlehne s. [AS30]). Den Einwoh-

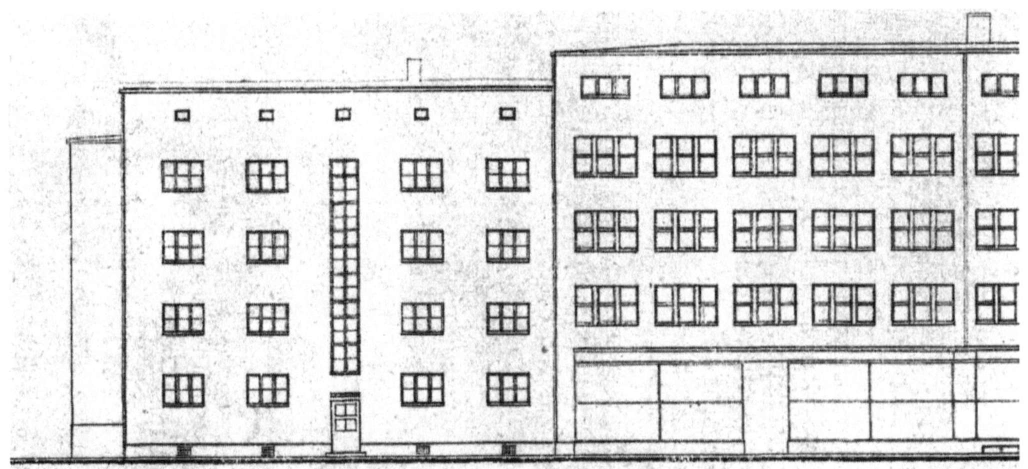

Ansicht Bismarckstraße, zweiter Bauabschnitt

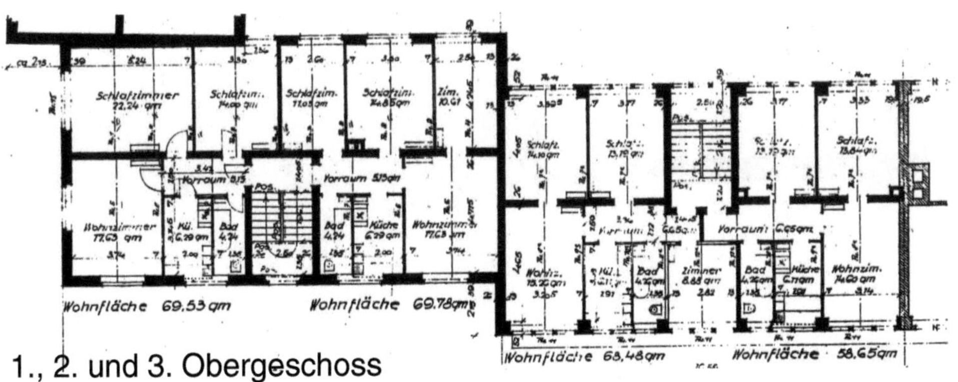

1., 2. und 3. Obergeschoss

Details, s. nächste Seiten

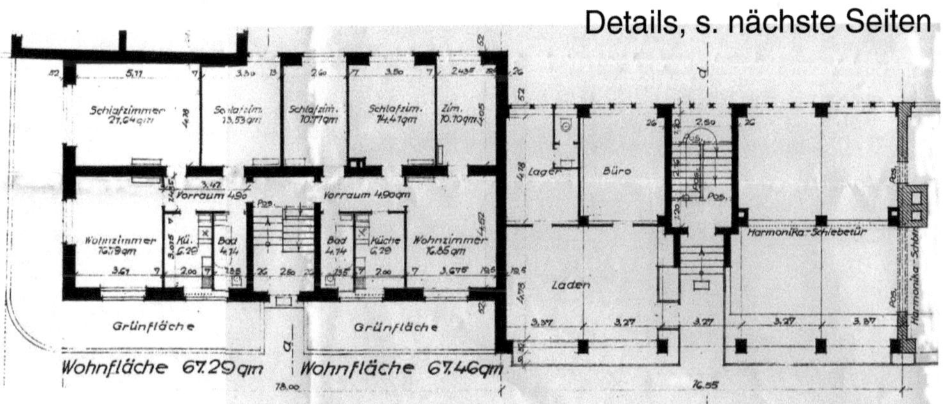

Erdgeschoss

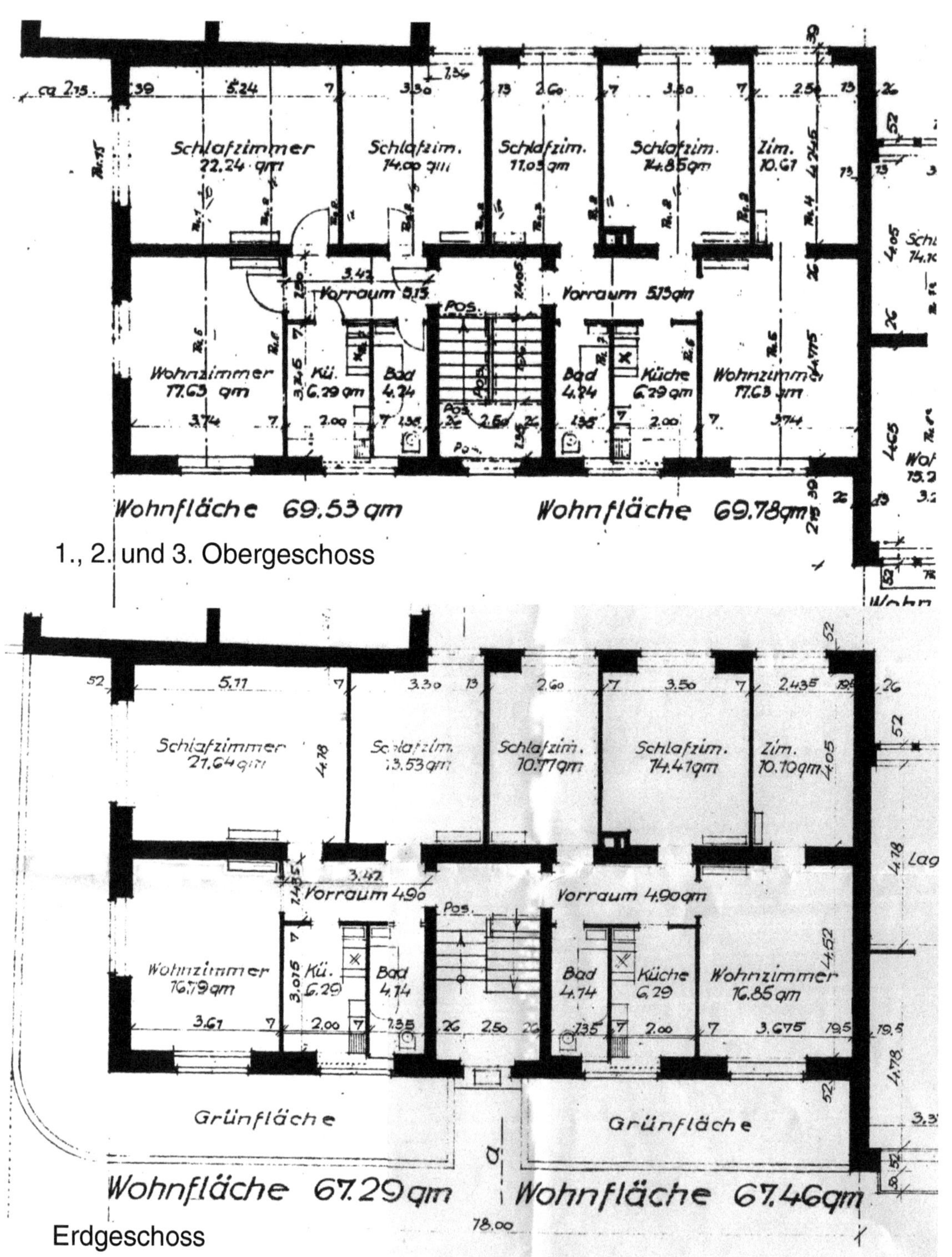

1., 2. und 3. Obergeschoss

Erdgeschoss

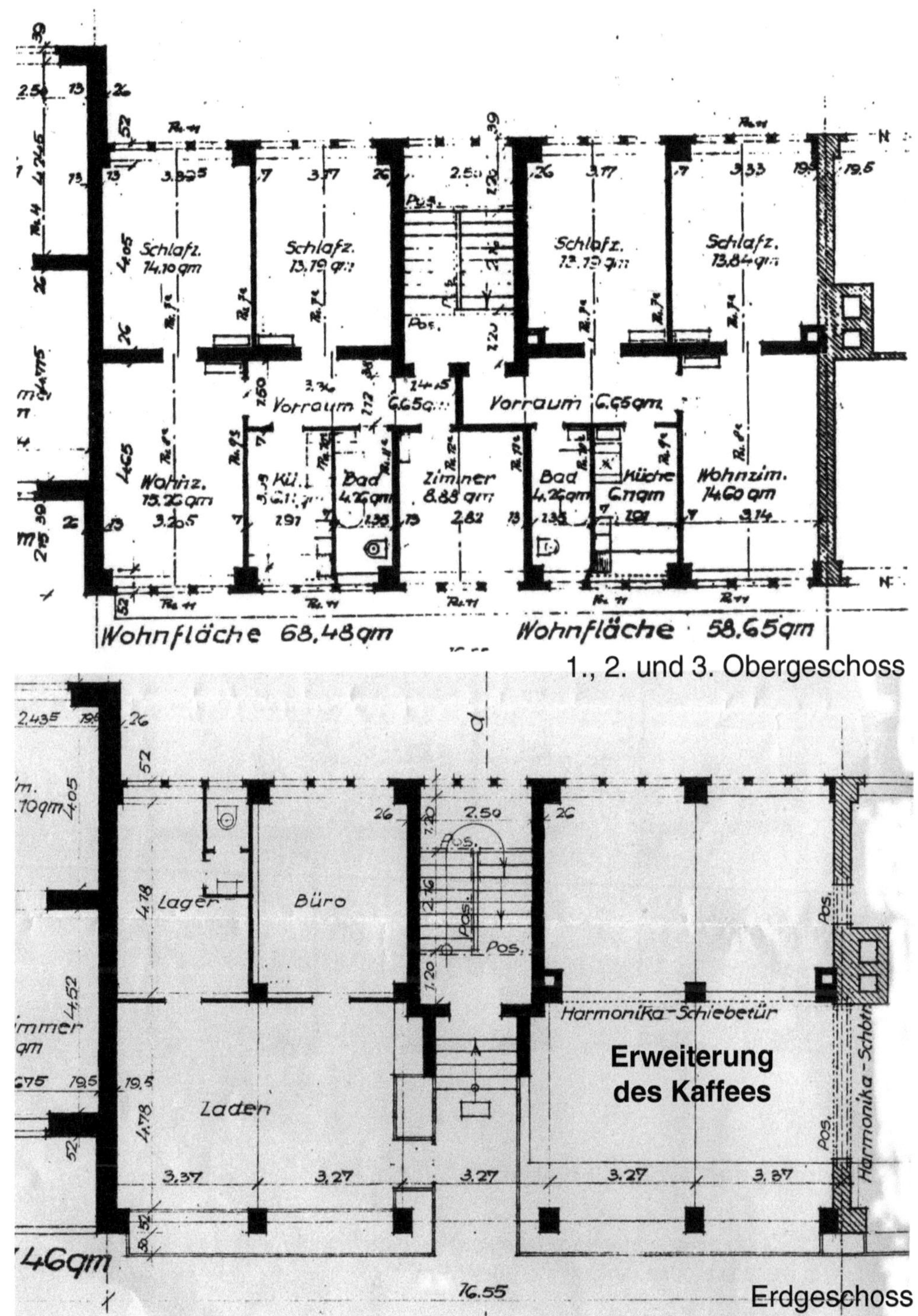

Schlafz. 14,10 qm
Schlafz. 13,79 qm
Schlafz. 13,79 qm
Schlafz. 13,84 qm
Vorraum 6,65 qm
Vorraum 6,65 qm
Wohnz. 13,26 qm
Kü.
Bad 4,20 qm
Zimmer 8,88 qm
Bad 4,20 qm
Küche 6,11 qm
Wohnzim. 14,60 qm
Wohnfläche 68,48 qm
Wohnfläche 58,65 qm
1., 2. und 3. Obergeschoss
Lager
Büro
Laden
Harmonika-Schiebetür
Harmonika-Schbtr.
Erweiterung des Kaffees
Erdgeschoss

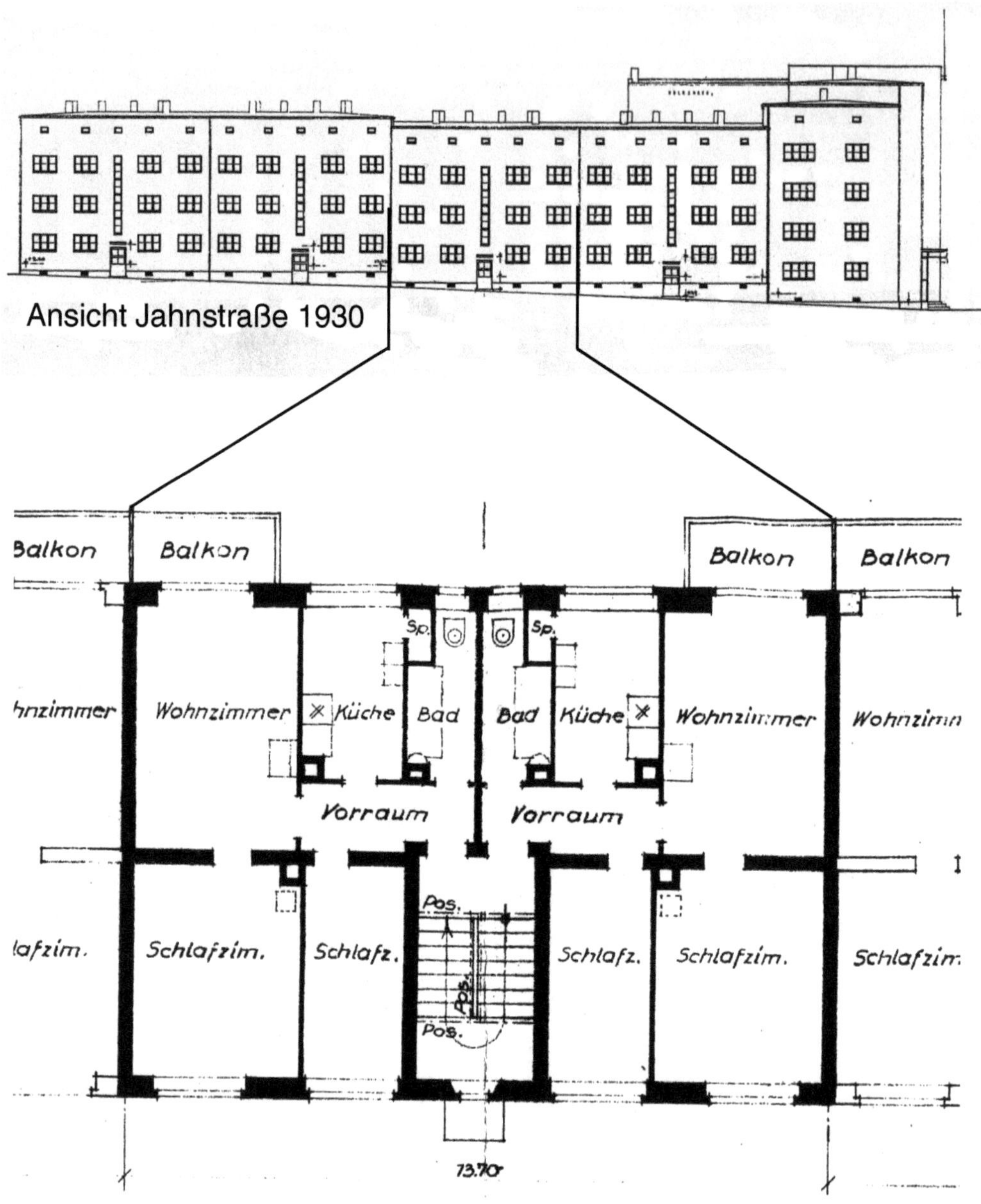

Grundriss der „Wohneinheiten" (2 Wohnungen) in der Jahnstraße

Nach Zeichnungen aus dem Nachlass des Architekten Hans Waloschek
Die zwei weitere Blocks (links) sind in der Frontansicht noch nicht eingezeichnet.

nern wurde dort je ein großer Stubenofen und ein transportabler Kachelofen angeboten.

Im Frühjahr 1932 wurden die Pläne für den Anbau von zwei weiteren Blocks eingereicht. Es handelte sich um einen dreistöckigen Block als Fortsetzung der Reihe in der Jahnstraße (mit 6 Wohneinheiten) und um einen weiteren, quergestellten, mit 4 Stockwerken (also 8 Wohnungen). Nach der Anordnung der Schornsteine zu urteilen, wurden die insgesamt 14 Wohnungen dieser beiden Blocks mit Zentralheizung versorgt, wie die Häuser an der Bismarckstraße – es gab keine Schornsteinanschlüsse für jedes Zimmer.

Da die GEWOG-Dresden im Oktober 1932 ihre Bautätigkeit eingestellt hat, ist anzunehmen, dass die beiden zusätzlichen Blocks zu der Zeit schon fertig waren. Nach der Machtergreifung der Nationalsozialisten hätten die Häuser ja Schrägdächer erhalten!

Mit dem Bau dieser letzten zwei Blocks war 1932 der Zustand erreicht, in dem sich der ganze Volkshaus-Komplex bis heute befindet. Nach überstandener Nazizeit und Krieg, als sowjetische Kaserne mit hohem Zaun und Mauern umgeben, wartet das unter Denkmalschutz stehende Gebäude auf eine neue Benutzung. Allerdings standen die ungeklärten Eigentumsverhältisse jahrelang einer Sanierung und Restaurierung im Wege.

Die Wohnzeile entlang der Jahnstraße, einschließlich der beiden 1932 angebauten Bolcks (ganz links). Rechts der Block in der Bismarckstraßen und daneben das Volkshaus, aufgenommen von Pedro Waloschek im Juni 1999.

Anders als das Volkshaus in Riesa konnten die Wohnzeilen der schon mehrmals erwähnten Großsiedlung Dresden-Trachau zwischen 1994 und 2000 vollständig saniert, modernisiert und äußerlich originalgetreu restauriert werden. Die zu diesem Zweck von den Bewohnern gegründete „Wohnungsgenossenschaft Trachau-Nord eG" (WGTN) hat dies (mit Staatshilfe) erfolgreich durchgeführt und verwaltet nun als „non-profit-Gesellschaft" insgesamt 1680 Wohnungen. Da sich alle Fassaden genau im Originalzustand befinden, hat sich der ganze Komplex in eine Sehenswürdigkeit für Architekturfreunde und Touristen entwickelt [Wo00].

Am 13. Juli 1999 wäre Hans Waloschek 100 Jahre alt geworden. Aus diesem Grund hat der Dresdner Historiker Horst R. Rein in Zusammenarbeit mit dem Bürgerverein der Großsiedlung Trachau und der WGTN eine „Hans-Waloschek-Ehrung" organisiert. Neben mehreren Vorträgen war auch eine Besichtigung der Bauten von Hans Waloschek in Dresden und Meißen im Programm – und natürlich ein Rundgang um das damals nicht zugängliche Volkshaus Riesa.

Dreizehn Nachkommen des Architekten Hans Waloschek, angereist aus Argentinien, Deutschland (Hamburg), England, Italien und Österreich, beim Besuch des Volkshauses Riesa am 11. Juli 1999. Das Bild zeigt die Besucher vor der Wohnzeile entlang der früheren Jahnstraße, neben dem Volkshaus Riesa. Foto Nick Wall (London).

Anhang

a) Die GEWOG-Dresden
und die DEWOG-Gruppe

Die genauen Bezeichnungen der GEWOG- und DEWOG-Gesellschaften, ihre Adressen und wichtigsten Zielsetzungen sind in dem auf der nächsten Seite gezeigten Inserat dargestellt.

Zu den Aufgaben der DEWOG-Gesellschaften gehörte also (wie schon erwähnt) die Beratung und Betreuung von Kommunen und Genossenschaften bei der Planung, beim Bau und bei der Finanzierung neuer Wohnviertel, Siedlungen und Häuserblocks, die vor allem für größere Bevölkerungsschichten erschwinglich sein sollten.

Dabei wurde auch die Herstellung gemeinsamer Einrichtungen unterstützt, mit denen die Lebensqualität verbessert werden konnte, wie zum Beispiel allgemein zugängliche Gärten und Volkshäuser. Falls es in größeren Anlagen sinnvoll und wirtschaftlich erschien, wurden zentrale Anlagen eingerichtet, wie zum Beispiel zum Wäschewaschen, Heizen und für die Warmwasserversorgung.

Die Gesellschaften der DEWOG-Gruppe arbeiteten in enger Verbindung mit mehreren Banken, aber vor allem mit der Volksfürsorge (für erste Hypotheken) und mit der Arbeiterbank (für Zwischenkredite). Sie boten damit die besten Voraussetzungen für eine einwandfreie und solide Finanzierung.

Am Aufbau der in Berlin 1924 gegründeten DEWOG-Gruppe war der bekannte Architekt Dr.Ing. Martin Wagner (1885-1957) maßgeblich beteiligt. Er war bis 1926 auch ihr Direktor.

Martin Wagner hatte schon mehrere große Siedlungen in Berlin gebaut und war von 1918 bis 1921 Stadtbaurat von Berlin-Schöneberg. Unter seiner Leitung wurden viele DEWOG-Niederlassungen und -Tochtergesellschaften gegründet, so zum Beispiel in Hamburg, Königsberg, Breslau, Frankfurt/Main und München (und später viele mehr). Einige führten den Namen „GEWOG" mit entsprechender Ortsangabe, wie

Inserat aus der Festschrift zur Eröffnung des Volkshauses Riesa 1930.

zum Beispiel die Tochtergesellschaft GEWOG-Dresden. Aber es gab Tochtergesellschaften mit anderen Namen. Auch neue „Bauhütten" wurden mit Hilfe der DEWOG eingerichtet – mit dem Ziel, Baumaterial besonders rationell herzustellen.

Martin Wagner hat mit berühmten Architekten zusammengearbeitet, so zum Beispiel mit BAUHAUS-Gründer Walter Gropius, mit Hugo Häring, Mies van der Rohe, Hans Bernard Scharoun und mit den Brüdern Bruno und Max Taut. In diesen Kreisen wurde viel über Rationalisierung des Wohnungsbaus und über modernen Baustil diskutiert – im Rahmen der in der Architektur heute als „Neue Sachlichkeit" oder als „Moderne" bezeichneten Bewegung.

Martin Wagner war politisch engagiert und außerdem ein guter und couragierter Redner. Er hat sich für die Ideale der Gewerkschaften und der Sozialdemokraten leidenschaftlich, aber auch recht eigenwillig eingesetzt. Er ist 1931 unter Protest aus der SPD ausgetreten. Von 1926 bis zu seiner Entlassung (mit Berufsverbot) 1933 war er Stadtbaurat von ganz Berlin.

Als Martin Wagner 1926 dieses Amt antrat, wurde sein langjähriger Assistent und Sekretär, der Architekt Richard Linneke, sein Nachfolger als Direktor der DEWOG. Es war Richard Linneke, der im März 1928 den Architekten Hans Waloschek bei der DEWOG eingestellt hat.

Waloschek bekam den Auftrag, in Dresden, die Tochtergesellschaft GEWOG-Dresden mit einer Zweigstelle in Leipzig zu gründen, und außerdem eine Zweigniederlassung Sachsen der DEWOG (mit Sitz in Dresden),

b) **Der Untergang**

Anfang 1933 (offiziell erst ab 10. Mai) besetzten SA und Polizei Gebäude und Büros der freien Gewerkschaften und der SPD in ganz Deutschland. Deren Vermögen wurde beschlagnahmt und viele der Funktionäre wurden in „Schutzhaft" genommen. Sämtliche Organisationen der Gewerkschaften und die ihnen nahestehenden Organisationen wurden in die „Deutsche Arbeitsfront" (DAF) integriert, die direkt Adolf Hitler unterstellt war.

So wurden auch die DEWOG und alle ihre Tochtergesellschaften enteignet, die meisten Funktionäre und leitenden Angestellten entlassen und viele von ihnen in „Schutzhaft" genommen. Vorsorglich hatten die Tochtergesellschaften der DEWOG schon im Herbst 1932 ihre Bautätigkeit eingestellt. Hans Waloschek hat sich als freischaffender Architekt in Dresden angemeldet und versuchte, die Bauten der GEWOG-Dresden weiter zu führen, was die neuen Machthaber erst unterdrücken und später ganz verhindern konnten.

Gleichzeitig half Waloschek politisch Verfolgten bei der Flucht, erst mit dem Wagen der GEWOG und später mit einem Auto, das er von Arno Henning (1897-1963), damals Sekretär in Freital der nun verbotenen SPD, „in Verwahrung" bekommen hatte.

Er fühlte sich als Österreicher halbwegs sicher, wurde allerdings mehrmals von der SA und SS verhört. Seine Tätigkeit als Fluchthelfer ist wohl doch aufgefallen. Am 8. Dezember 1933 sollte er verhaftet werden, wurde von einem guten Freund gewarnt und konnte noch in der Nacht davor nach Wien flüchten.

Da er dort keine richtige Arbeit fand, ist er 1936/37 mit seiner Familie nach Argentinien ausgewandert. Dort fand er zwar sofort Arbeit, hatte aber mit großen Schwierigkeiten zu kämpfen, da er keine argentinische Approbation als Architekt hatte. Trotzdem konnte er viele sehr interessante Projekte durchführen, wobei für die Behörden immer andere unterzeichnen mussten. Im Jahr 1959 ist er wieder nach Deutschland zurückgekehrt.

Die GEWOG-Dresden blieb 1933 unter ihrem Kurznamen „GEWOG" im Rahmen der Arbeitsfront erhalten und wurde dann ab 3. März 1939 unter der Bezeichnung „Neue Heimat" („Gemeinnützige Wohnungs- und Siedlungsgesellschaft der Deutschen Arbeitsfront im Gau Sachsen GmbH") weitergeführt [Re40]. Die Dachorganisation „Neue Heimat" hat nach dem Zweiten Weltkrieg unter dem gleichen Namen die Nachfolge der DEWOG-Berlin und all ihrer Tochtergesellschaften übernommen, später allerdings getrennt in Ost- und Westdeutschland.

So hat die „Neue Heimat Hamburg" Hans Waloschek (als früheren DEWOG/GEWOG-Mitarbeiter) im August 1959 wieder eingestellt. Im Juli 1962 wurde er (auf Veranlassung des Internationalen Arbeitsamtes, Genf) nach Peru geschickt, um dort den zweiten Bauabschnitt des Ausbildungszentrums „Taraco" zu leiten. Nach seiner Rückkehr (im Dezember 1963) hat Waloschek noch bei der Planung einer Erweiterung der Großsiedlung „Pindorama" (Brasilien) mitgewirkt. Ab 1965 war er Rentner mit Ruhegehalt der Neuen Heimat Hamburg.

Hans Waloschek schwärmte sein Leben lang von seinen Bauten in Sachsen, besonders natürlich vom Volkshaus Riesa, und von den so erfolgreich geführten Tochtergesellschaften der DEWOG. Aber er hat es später nie versucht, seine Bauten in Sachsen zu besuchen, obwohl dies doch nach 1959 naheliegend gewesen wäre. Die willkürliche Zerstörung der Organistionen und die seiner eigenen, doch sehr vielversprechenden Zukunft in Deutschland durch die Nationalsozialisten hat er nicht verkraftet und litt nach 1933 unter starken Depressionen und Kopfschmerzen. Er hat sich dann auch nie wieder mit Politik beschäftigt. Hans Waloschek ist am 28. Oktober 1985 in Wien gestorben.

c) Die Jahre danach

Das Volkshaus Riesa konnte nur knapp drei Jahre seinem ursprünglichen Zweck dienen. Über die damals stattgefundenen Veranstaltungen oder Tätigkeiten gibt es leider kaum Informationen. Entsprechende Akten oder Dokumente darüber (oder in Beziehung zur „Volkshaus Riesa GmbH") wurden sehr wahrscheinlich von den Nationalsozialisten vernichtet.

Bekannt ist dagegen, dass die Wohnungen neben dem Volkshaus damals sehr begehrt waren. Nach Aussagen einer Zeitzeugin, die leider ihren Namen nicht genannt hat, war sie mit der Ausstattung, der Lage und dem Blick ins Grüne sehr zufrieden. Das Stadtzentrum konnte (und kann) man leicht zu Fuß erreichen. Sehr praktisch fand sie auch das im Erdgeschoss betriebene Geschäft (anscheinend ein Fleisch- und/oder Lebensmittelladen). In den Wohnungen hatte sich u.a. ein Friseursalon und ein Rundfunkgeschäft eingerichtet. Das gleich daneben liegende Restaurant-Café (im Volkshaus) wurde auch sehr geschätzt.

Es ist anzunehmen, dass die Verwaltung, Vermietung und Instandsetzung der Wohnungen von einer der für solche Zwecke normalerweise eingerichteten Tochtergesellschaften der GEWOG-Dresden übernommen wurde, wie das in Dresden und anderen Städten auch der Fall war. Darüber sind aber keine Belege erhalten.

Nach der Machtergreifung der Nationalsozialisten wurde das Volkshaus der SA übergeben, die dort politische Gegner inhaftierte. Schon im März 1933 wurde zum Beispiel der Gewerkschaftsfunktionär Karl Kamp (1889-1960) vier Wochen in „Schutzhaft" im Volkshaus festgehalten [FD05]. Das Volkshaus wird oft als „berüchtigte Folterkammer der SA" bezeichnet, in der politische Gegner festgehalten wurden. Nachbarn behaupten, Schreie der Gefangenen und andere verdächtige Geräusche gehört zu haben.

Allerdings gibt es auch andere Aussagen. Die Bewohnerin, die ihren Namen nicht preisgegeben hat, behauptete, dass sie in den Jahren 1933 bis 1945 nie etwas von Folterungen im Volkshaus gesehen oder gehört habe, obwohl sie ja in einer der Wohnungen gleich daneben lebte. Sehr empört berichtete sie dagegen von der Räumung ihrer Wohnung innerhalb von wenigen Stunden, als der ganze Komplex nach Kriegsende der Sowjetischen Armee übergeben wurde.

Auch über die lange Zeit der Anwesenheit der Sowjetischen Truppen im Volkshaus (1945-1989) gibt es sehr widersprüchliche Überlieferungen. So sollen die Soldaten unter verheerenden hygienischen Bedingungen gelebt haben. Es wurden angeblich Müll und Abwässer einfach durch Löcher im Fußboden in den Keller geleitet und dort „gelagert".

Bei einer öffentlichen Veranstaltung im Volkshaus, die am 1. und 2. Oktober 2005 stattfand, konnten die Besucher feststellen, dass diese Gerüchte weit übertrieben waren. Es handelte sich um eine normal funktionierende Kaserne mit Inschriften und Bildern an den Wänden, Ess-, Dusch- und Schlafräumen für Offiziere und Mannschaft. Nach 16 Jahren der totalen Vernachlässigung, verursacht durch die schwierigen Eigentumsverhältnisse, sah natürlich alles etwas wüst aus.

Ein bei der Veranstaltung am 1. Oktober 2005 anwesender Zeitzeuge (geb. 1934) berichtete, dass er selbst mehrmals auf dem schönen und zum Teil noch erhaltenen Parkett im großen Festsaal bei gelungenen Veranstaltungen getanzt habe. Es gab also Festlichkeiten, zu denen die Russen auch wohlgesinnte Deutsche eingeladen haben. Auch dieser Zeitzeuge wollte nicht, dass sein Name genannt wird.

Die soeben erwähnte Veranstaltung im Volkshaus wurde von Künstlern organisiert, die dort ihre Werke oder Darbietungen gezeigt haben. Es war ein großer Erfolg und zeigte das hohe Interesse der Riesaer Bevölkerung für „ihr" Volkshaus. Dabei hörte man sowohl positive wie auch negative Bemerkungen.

Das tragische Schicksal konnte aber nicht von dem unbestrittenen Wert der Gebäudes als BAUHAUS-Kunstwerk ablenken und, wie man selbst ja beobachten konnte, und von dem praktischen Sinn der Erbauer, die für spätere Benutzung vielfältige Änderungsmöglichkeiten vorsorglich eingeplant hatten.

Ein weiterer Zeitzeuge, der Mediziner Dr. Dieter Frank, hat 2001 einen sehr interessanten Bericht über die Jahre nach 1933 verfasst. Er

Kunst im VOLKSHAUS RIESA: 14 Künstler aus der Region haben am 1. und 2. Oktober 2005 Malerei, Fotografie, Plastik und Installationen mit Musik und Performances präsentiert. Die Zahl und das Interesse der Besucher und der Medien haben alle Erwartungen weit übertroffen!

Kunst im VOLKSHAUS RIESA am 1. und 2. Oktober 2005.
Links: Werner Nüse, Bürgermeister für Allgemeine Verwaltung und Bauwesen der Stadt Riesa, nach seiner Ansprache im großen Festsaal des Volkshauses.
Mitte: Schrottkünstler Lutz Peschelt, der Initiator der Veranstaltung.
Rechts: Performance-Künstler Matthias Jakisch aus Dresden in Aktion.

hat eine Neufassung zur Verfügung gestellt und freundlicherweise erlaubt, sie hier wiederzugeben (s. auch [Fr01]):

Das Bauhaus-Volkshaus

von Dr. med. Dieter Frank (Riesa)

Das im Bauhausstil 1930 in Riesa errichtete Volkshaus unterliegt nach offiziellen Angaben dem Denkmalschutz – was aber nicht bedeutet, dass es davor geschützt ist, nicht einmal daran zu denken. Als ich die Broschüre von Pedro Waloschek mit dem Titel „Das Volkshaus und sein Architekt" zu lesen bekam, sagte ich mir, denk mal an, auch du kennst doch das Volkshaus aus längst vergangenen Tagen und könntest darüber berichten.

Meine Großmutter, aus Dresden stammend, begann 1935 in der Berufsschule Riesa als Lehrerin zu arbeiten. Ihr schlichter deutscher Name – Martha Meier – und ein Nachweis, der arischen Rasse zugehörig zu sein, ermöglichte es, dass sie im Volkshaus eine Dreizimmerwohnung nebst Küche und Bad erhielt. Die Ortsgruppenleitung der NSDAP, die das Volkshaus 1933 in Beschlag nahm, legte Wert darauf, dass Juden oder Kommunisten in der Stadt nichts zu suchen hatten. Wer in Verdacht geriet, sich nicht für Führer, Volk und Vaterland zu opfern, wurde im Volkshaus „verhört". Der während meiner Oberschulzeit an der Max-Planck-Oberschule tätige Direktor Rudolf Joppich hat mir einmal erzählt, dass er wegen seiner antifaschistischen Gesinnung tagelang im Volkshaus festgehalten wurde.

Meine eigenen Erinnerungen setzen in den Kriegsjahren ein. Großmütter und Omis wurden früher genau so gern besucht wie heutzutage, fehlte doch dann die erzieherische Strenge, und etwas zum Knabbern gab es ohnehin. Am Hauseingang zu Großmutters Wohnung schaute man in zwei Geschäfte. Friseur Zimmermann betrieb sein Handwerk auf der einen, im Radiogeschäft von Kamp verkaufte man auf der anderen Seite. Bei Radio-Kamp konnte ich nicht nur die seinerzeit modernen Rundfunkgeräte von „Mende" und „Blaupunkt" bewundern, sondern auch den „Volksempfänger", der ausschließlich den Deutschen Reichssender ausstrahlte. Auch meine Großmutter hörte die Wehrmachtsberichte mittels eines Volksempfängers. Wenn das akustische Signal des Les Preludes von Liszt ertönte, wusste jeder Volksgenosse, dass ein Wehrmachtsbericht von irgendeinem Sieg an irgendeiner Front durchgegeben wurde. Neben dem Sprachrohr der Nazis, im Volksmund auch „Goebbelsschnauze" genannt, lagen bei meiner Großmutter Landkarten herum. Sie zeigte mir dann, wo sich mein Vater an der Ostfront oder mein Onkel auf Kreta gerade befinden sollten.

Die Wohnzimmerfenster im zweiten Stock des Hauses eröffneten einen herrlichen Weitblick in Richtung Elbtal bis nach Röderau. In unmittelbarer Nähe, praktisch am Fuß des Volkshauses, zwischen der damals noch verkehrsreichen Bahnhofstraße und der heutigen Breitscheidstraße, waren zahlreiche Holzbaracken errichtet, in denen, so der damalige Sprachgebrauch, Fremdarbeiter untergebracht waren. Aus ihrer Heimat verschleppte Menschen mussten in Zeithain Munition produzieren – man sagte damals einfach: Die arbeiten in der Muni.

Der Hof auf der anderen Seite des Gebäudes war der offizielle Übungsplatz für die Hitlerjugend und die Pimpfe, die dort übel schikaniert und auf ihren Einsatz für „Führer, Volk und Vaterland" vorbereitet und eingeschworen wurden.

Wie in anderen Städten Deutschlands auch, z. B. in Weimar, standen sich auch in Riesa auf engstem Territorium deutscher Geist und deutsche Erbärmlichkeit gegenüber.

Ab 8. Mai 1945 schwieg der Volksempfänger! Verständlich, dass die sogenannten Fremdarbeiter aus ihren Notunterkünften kamen und Freiheit forderten. Einige besetzten das Volkshaus, und auch meine Großmutter musste ohne Wenn und Aber ihre Wohnung räumen, um sie polnischen Landsleuten zu überlassen.

Nachdem die in die Fremde Verschleppten offensichtlich den Weg in ihre Heimat gefunden hatten, durfte meine Großmutter wieder in ihre Wohnung ziehen. Der Größe der Wohnung wegen mussten aber Flüchtlinge aufgenommen werden – meine Tante war in Dresden ausgebombt, so dass ausnahmsweise die Flüchtlinge zur eigenen Familie gehörten. Das Glück, ein Dach über dem Kopf zu haben, dauerte bis zum Himmelfahrtstag 1946.

Ein Befehl der sowjetischen Kommandantur verfügte, dass alle Bewohner des Volkshauses innerhalb von 20 Stunden ihre Wohnungen zu verlassen hatten. 20 Stunden Chaos beim fluchtartigen Verlassen von Wohnungen folgten fast 50 Jahre Verfall eines einst so stolzen Bauwerkes. So, wie der Schändliche die Dunkelheit sucht, um seine Taten zu vertuschen, haben die Russen das Gebiet um das Volkhaus mit Bretterzäunen, Betonmauern und Stacheldraht umgeben. Kein Riesaer konnte das Siechtum verfolgen.

Jetzt steht es da, dieses Volkshaus und keiner aus dem Volk will es haben. Zum Skelett abgemagert, bedürfte es einer kostenintensiven Therapie.

Weil vielleicht kein anderes Gebäude in Riesa die sozialen und politischen Turbulenzen des vorigen Jahrhunderts so deutlich widerspiegelt, sollten sich Bürger der Stadt für die Sanierung einsetzen – auch weil es ein Denkmal ist. Denk mal, wie es war im 2. Weltkrieg, denk mal, welche Gefühle du hattest, als eine Besatzungsmacht dich reglementierte. Denk mal, du würdest wieder alles verlieren – den Frieden, deine Zukunft, dein Leben!

d) Wer war Alfred Kiß?

Über das Leben von Alfred Kiß, der ab 1928 Vorsitzender des Vorstandes der „Volkshaus Riesa GmbH" war, ist relativ wenig bekannt. Einige Daten stammen aus Briefen, die Kiß zwischen 1940 und 1961 an die Familie Waloschek geschrieben hat [Ki40] und die im Nachlass von Hans Waloschek gefunden wurden.

Daraus kann man entnehmen, dass er als Bezirksleiter der Deutschen Angestellten-Gewerkschaft in Aalen am 1. Mai 1961 „beim Erreichen der Altersgrenze" pensioniert wurde, was damals im Allgemeinen mit 65 Jahren der Fall war. Es folgt die Annahme, dass er im oder vor April 1896 geboren wurde. Über seinen Geburtsort, Ausbildung und Tod stehen keine Daten zur Verfügung.

Alfred Kiß war laut Riesaer Adressbuch 1925 in der Stadt als „Gewerkschaftssekretär" gemeldet und wohnte in der Körnerstraße 51. Auch Anfang der 30er Jahre war er noch Sekretär des Ortsausschusses Riesa des Allgemeinen Deutschen Gewerkschaftsbundes (ADGB) und musste deshalb im Juli 1933 Deutschland fluchtartig verlassen.

Er fand Unterkunft in Karlsbad (Böhmen, damals noch Teil der Tschechoslowakei). Als klar wurde, dass die sudetendeutschen Gebiete der Tschechoslowakei in das Großdeutsche Reich „integriert" werden sollten („Münchner Abkommen"), flüchtete Kiß im September 1938 aus Karlsbad mit vielen seiner Freunde nach Prag. Am 1. Oktober 1938 sind die deutschen Truppen einmarschiert.

Als dann bekannt wurde, dass Hitler von der Tschechoslowakei die Auslieferung der politischen Flüchtlinge verlangte, versuchte man sie in anderen Ländern unterzubringen. Kiß bekam mit viel Glück ein Visum für England und flog über Paris nach London, wo er am 7.12.1938 ankam. In England schrieb er seinen Namen mit zwei s, also „Kiss".

Nach dem Zusammenbruch Frankreichs wurde er in England interniert. Dort hat er durch Zufall den Schwager von Hans Waloschek, Eduard Stark, kennengelernt und konnte somit wieder Kontakt mit Waloschek (damals in Argentinien) aufnehmen [Ki41].

Die Familie von Kiß war in Deutschland geblieben. Er hatte mit ihr (1941) keinerlei Kontakt und vermutete Schlimmes. Es war für Kiß eine sehr schwere Zeit, obwohl er bald aus dem Internierungslager entlassen wurde und bei einer netten Familie in Bristol Aufnahme fand.

Interessant sind die von Kiß in Briefen erwähnte Namen: *„Wir sind ungefähr 100 Sozialdemokraten in England. Darunter Weckel, Arzt, Geiser, Sander u.s.w. Finsterbusch, Edel u.s.w. sind in Schweden. Viele gingen auch nach Bolivien, z.B. Efferoth u.s.w. Unsere Freunde sind also sehr zerstreut und leben heute verteilt in 23 Ländern."*

Alfred Kiß kam 1945 nach Deutschland zurück und war als Angestellter, zunächst der Regierung der USA und dann der Militärregierung von Bayern, in Augsburg tätig. Von dort aus schrieb er am 23. April 1945 einen kurzen Bericht im Telegrammstil über die damalige politische Lage in Köln, der in Göttingen veröffentlicht wurde [Ki45]. Dann war er vom 8. bis 11. Mai 1946 Delegierter für Schwaben beim Reichsparteitag der SPD in Hannover.

Seine Aktivität in der Gewerkschaftsbewegung hat er am 1. Dezember 1949 wieder aufgenommen. Zunächst war er Sachbearbeiter beim Gewerkschaftsrat in Frankfurt/Main, dann Geschäftsführer der Ortsgruppe Stuttgart der Deutschen Angestellten-Gewerkschaft und später Bezirksleiter derselben, erst in Koblenz und dann in Aalen, hatte aber Wohnsitz in Stuttgart-West (Klugestr. 16).

Er beabsichtigte, als Pensionär nach 1961 weiterhin mit seiner Frau in Stuttgart zu bleiben, wie er in dem letzten erhaltenen Brief an Hans Waloschek erwähnt.

Quellen und Hinweise

Bem.: Falls nicht anders angegeben befinden sich die erwähnten Dokumente (oder Kopien) im Archiv der Familie Waloschek [WaHH].

[AS30] **Allgemeiner Sächsischer Siedlerverein, e.V. (ASSV):** „Die Siedlung Dresden-Trachau" Broschüre, 12 S. A5-quer (1930).

[Be91] **Berthold, Heike:** „Louis Schneider GmbH - 100 Jahre Bauen mit Tradition", Broschüre, 20 S. 21 x 30 cm (1991).

[BR91] **Benz-Rababah, Eva:** „Leben- und Werk des Städtebauers Paul Wolf", Dissertation an der Universität Hannover (1991), eingesehen an der Bibliothek SLUB-Dresden (mit der Quellenangabe zum Riesaer Wettbewerb: DB – Deutsche Bauzeitung, Band 63, 1929, Beilage Wettbewerbe, 5 S. 80-84).

[Da00] **Dähmlow, Silke:** „Das Wohlfahrtsforum in Brandenburg", Magisterarbeit am Kunsthistorischen Seminar der Philosophischen Fakultät III der Humboldt Universität Berlin, Februar 2000 (keine Kopie in [WaHH]).

[FD05] **FDGB-Lexikon** der Friedrich Ebert Stiftung, Arbeitsversion 2005, Karl Kamp, Kurztext (library.fes.de/FDGB-Lexikon).

[Fr01] **Frank, Dieter:** „Bauhaus – Volkshaus – Garaus" in der Sächsischen Zeitung vom 29./30.09.2001.

[Ge31] **GEWOG-Dresden (Hrsg.):** Faltblatt 3 x A4 „Die Gewog-Wohnung 1931".

[He01] **Härtel, Michael:** Bericht über das Volks- oder Arbeiterhaus in Schönheide (2001) mit Fotos und Bauplänen.

[Ki40] **Kiß, Alfred:** Briefe an Hans Waloschek vom 5.11.1940, 10.11.1940, 14.08.1959, 27.10.1959, 30.12.1961.

[Ki41] **Kiß, Alfred:** Brief an Hans Waloschek vom 2.01.1941, Faksimile in [WP01], S. 118 und 119.

[Ki45] **Kiß, Alfred:** Kurzbericht auf S. 19 im „Extrablatt für Göttingen und Umgebung zum Tag der Befreiung", herausgegeben von der Geschichtswerkstatt Göttingen e.V. am 8. Mai 1945 (20 S. A4).

[Lo00] **Löwel, Karl Heinz:** „Zur Baugeschichte der Großsiedlung Trachau", S. 14 bis 30 in [Wo00], s. auch Deutsches Architektenblatt DAB (5/97, S. 676-677). Eine kürzere Fassung als Beilage zur Trachauer Bürgerzeitung (TBZ) Nr 41, August 1996 (5 Seiten, A4).

[Lu28] **Ludewig, Willi:** Zeugnis für Hans Waloschek vom 28.Februar 1928.

[Lu30] **Ludewig, Willi:** „Architekt Ludewig", Deutsche Architekturbücherei GmbH, 56 S., Hardcover, 20 x 25 cm, (1930), mit einer Einführung von Paul F. Schmidt.

[Lu50] **Ludewig, Willi:** Autobiographie, Typoskript, 61 Seiten, Buenos Aires (1950) und mehrere Werklisten.

[Ma87] **Mahn, Klaus-Dieter:** „Volkshäuser", gekürzte Fassung der 1983 verteidigten Dissertation an der Martin-Luther-Universität zu Halle-Wittenberg, 1987, 318 S. (S. Sächsische. Landesbibliothek, Dresden).

[Re40] **Rein, Horst R.:** Mietvertrag (Stempel und Randbemerkung) der GEWOG vom 1. Mai 1940 (Nachlass Horst R. Rein).

[Vo30] **Volkshaus Riesa GmbH (Hrsg.):** „Festschrift zur Eröffnung des Volkshauses Riesa am 1. März 1930". Ein Original im Risaer Stadtmuseum, Faksimile in [WP01] und [WHw].

[WaHH] **Waloschek-Archiv in Hamburg:** Über 2400 Briefe und 400 Dokumente aus der Familiengeschichte (30 Ordner). Der Hauptanteil besteht aus dem Nachlass von Hans und Grete Waloschek (s. auch [WHw]).

[WH29] **Waloschek, Hans:** „Die erste Flachdachsiedlung in Dresden", in „Sächsische Siedlung", 7.Jahrg., Nr. 10 (5.10.1929) (Archiv Horst R. Rein).

[WH31] **Waloschek, Hans:** „Die Flachdachsiedlung ‚Sonnenlehne'
in Dresden-Trachau", aus „Sächsische Siedlung", etwa
1931, Fotokopie ohne Datum, mit Verweis zu [WH29] (Archiv Horst R. Rein).

[WH32] **Waloschek, Hans:** „Das vollmassive Einfamilienhaus" in
den „Nachrichten der Deutschen Linoleum-Werke A.-G." Nr.
21, S. 9 bis 11, 1932.

[WHw] **Waloschek, Hans:** „Fundgrube", Dokumente und Faksimiles auf der Internet-Seite „www.waloschek.de".

[Wo00] **Wohnungsgenossenschaft Trachau-Nord eG (WGTN)
und Deutscher Werkbund Sachsen e.V. (Hrsg.):** „Die
Großsiedlung Dresden-Trachau – Geschichte und Sanierung", 124 S., 24 x 29,5 cm, Sept. 2000 (s. auch [Lo00]),
ISBN 978-3-930382-44-X.

[WP01] **Waloschek, Pedro (Hrsg.):** „Das VOLKSHAUS RIESA und
sein Architekt" BoD-Verlag, 120. S., (2001),
ISBN 978-3-8311-1810-8.

ooooo

„Das VOLKSHAUS RIESA und sein Architekt"

Eine Informationsschrift
zusammengestellt und herausgegeben
von Pedro Waloschek

120 Seiten, 22 x 17 cm, Paperback, 79 Abb. (9,- Euro)
BoD GmbH Norderstedt (2001), ISBN 978-3-8311-1810-8
im Buchhandel und in Internet-Shops zu bestellen

Inhalt:
Vorwort von Heike Berthold
Persönliche Bemerkungen von Pedro Waloschek
Einführung von Russell Bevington
Faksimile der Festschrift zur Eröffnung 1930
Der Architekt Hans Waloschek, sein Leben und sein Werk
Dokumente aus dem Nachlass des Architekten

Heike Berthold
ist geschichtsinteressierte Journalistin in Riesa.

Pedro Waloschek
ist Physiker und Publizist in Hamburg.